サッカー・コーディネーショントレーニング
バイブル

Koordinationstraining im Fußball BIBLE

泉原嘉郎——著
Dr. Yoshio Izuhara

大修館書店

推薦のことば

白石 豊
福島大学名誉教授

　今から23年前，1997年の4月のことです。突然，1人の若者が福島大学の私の研究室のドアをたたいたのです。彼こそが，本書の著者である泉原嘉郎君でした。その日，大学では入学式が行われていました。聞けば，彼はその入学式を終えたばかりの新入生で，私が長く教鞭をとっている教育学部のスポーツ健康コースの新入生とのことでした。私はそのときすでに，福島大学に奉職してから15年が経っていました。しかし，新入生が入学式直後に研究室を訪ねてくるなどということは，まさに前代未聞のことでした。突然の訪問理由を泉原君に尋ねると，彼は次のように語ったのでした。

　　私は中学・高校と，長崎でサッカーをやっておりました。選手としてはさしたる実績は残せませんでしたが，1つの大きな夢を持っております。それはいつかドイツへ留学して，サッカーの国際コーチライセンスを取得することです。その夢を実現するために，日本のどの大学に進んだらいいかとあれこれ調べました。すると白石先生が，東ドイツで生まれたスポーツ運動学を福島大学で講義されており，さらに国際体操連盟の審判員資格をドイツ語で取得され，活動されていることを知りました。ですから，大学での第二外国語は，もちろんドイツ語を取ります。しかし，そこではスポーツ科学の専門的なドイツ語を教えていただくわけにはいかないと思いますので，1年生の初めからぜひ専門的なドイツ語を身につけたいと思い，先生のところをお訪ねしました。

　これを聞いた私はもちろんびっくりしましたが，彼の真剣な眼差しを見て，これは本当に夢を実現する男になるかもしれないと思いました。こうして彼への指導が始まったのです。それから3年数カ月が経った2001年2月，すでに私の研究室生となっていた泉原君は，ドイツのコーディネーショントレーニングに出会うことになります。私の長年の友人でありバイオメカニクスの世界的権威でもあったペーター・ブリュッゲマン教授（当時・ケルン体育大学副学長）のもとを訪ねてドイツに滞在していた際に，彼が同大学のサッカー関係者からぜひ読むようにと勧められたのが，のちに私との共訳となる本でした（『サッカーのコーディネーショントレーニング』ペーター・シュライナー著，白石豊・泉原嘉郎訳，大修館書店）。

　こうして大きな収穫を得て戻ってきた2001年4月，彼は福島大学大学院に進学し，私のもとでさらに研究を進めることになりました。そんな泉原君が，ドイツに留学してみたいと言い出したのは，ちょうど大学院の1年生が終わる頃のことでした。そこで私は，ブリュッゲマン教

授に，彼の留学を受け入れてくれないかという内容の手紙を書きました。教授から受け入れを許可するとの返答を得た私は，泉原君をケルン体育大学に送り出すことにしたのです。2002年9月末のことでした。

　ただ私の胸には一抹の不安がありました。私が筑波大学大学院生時代に，金子明友先生（筑波大学名誉教授）に師事して学んだスポーツ運動学，つまりモルフォロギーという学問は，旧東ドイツのクルト・マイネルにより生み出されたもので，運動を定性的，つまり質的に研究する学問ですが（『マイネル　スポーツ運動学』クルト・マイネル著，金子明友訳，大修館書店，1981年），ブリュッゲマン教授が専門とするバイオメカニクスはこれとは異なり，精密科学をベースとして運動を定量的に分析するものだったのです。運動を自然科学的に分析しようとするバイオメカニストにとっては，運動の質を定性的にとらえようとするモルフォロギーは時代遅れの遺物といったような雰囲気が，当時のケルンには確かにあったのです。

　私の不安は的中しました。1年後，ケルンから帰国した泉原君は，すっかり憔悴していました。彼によれば，ケルンで頑張って勉強しようと試みたが，研究が進むどころか，コーディネーショントレーニングについてむしろ否定的な意見を浴びせかけられたり，あるいは厳しく攻撃されたりしたということだったのです。同時に彼からは，旧東ドイツのライプツィヒ大学（かつてのドイツ体育大学＝DHfK）では，マイネル教授の弟子たちが"コーディネーション"の概念を発展させ，積極的にコーディネーショントレーニングの研究をつづけているということがわかってきたというのです。

　私はベルリンの壁が崩壊した直後の1990年2月に，当時のドイツ体育大学から招聘され，ライプツィヒと東ベルリンでメンタルトレーニングについて90分の講演したことがあります。その際にお世話になったのが，これまた長い友人となるユルゲン・クルーク教授でした。クルーク教授とはすでにそれ以前から，体操競技のワールドカップの審判業務などを共にしていましたが，このときから現在に至るまで，非常に親しいお付き合いをさせていただくようになりました。

　一時帰国した泉原君から，すぐにもライプツィヒ大学に留学し直したいとの打診を受けた私は，クルーク教授に彼を受け入れてくれるよう手紙を書いたのでした。すぐに教授から快諾の返答を得た私は，再び泉原君をドイツに送り出すことになりました。クルーク教授のもとで勉強を始めた泉原君は，まるで水を得た魚のように生き生きと研究を進めていきました。

　2004年の10月に福島大学大学院に復学した泉原君は，ライプツィヒでの研究成果を存分に発揮し，素晴らしい修士論文を書いて2005年3月に福島大学の修士号を取得しました。そして

左:泉原君, 右:クルーク教授, 撮影:白石豊

この年の10月から，ライプツィヒ大学の博士課程に入学したのです。それから6年，彼はクルーク教授やハルトマン博士の指導を受けて研究に邁進しました。2011年11月，クルーク教授から私に泉原君のコーディネーション理論に関する博士論文が完成し，12月に審査会を行うので審査委員としてライプツィヒに来てほしいとのメールが届いたのです。

審査会は，私を含めた5名の教授と多くの大学院生の前で，1時間に及ぶ口頭発表とそれにつづいて質疑応答が行われました。その後，私を含めた5名の教授は別室に入り，博士論文として認定するか否かの検討をしました。その結果，満場一致で泉原君に博士号を授与することが決定しました。その直後，本人が呼ばれ，指導教授であるクルーク教授から彼に博士号の帽子がかぶせられたのです。

泉原君のドイツ留学中の成果は，研究面だけにとどまりませんでした。ヨーロッパサッカー連盟やドイツサッカー協会の指導者ライセンス取得を着実に進めていきながら，旧東ドイツきっての名門フットボールクラブである1. FCロコモティブ・ライプツィヒにおいて，およそ8年にわたり，コーディネーショントレーナー兼U-8監督として，指導現場の最前線での経験を積み重ねてきたのです。

活動の拠点を日本へと移した2013年の4月以降は，福岡大学における教育と研究活動のかたわら，福岡市教育委員会・体力向上推進委員会の監修アドバイザーとして，子どもからアスリート，シニア世代に至るまで，実に幅広い世代を対象に実践活動を行い，成果を挙げつづけています。

そればかりでなく，日本サッカー協会や日本体操協会などの指導者養成コースでも，ドイツで培ったコーディネーションのメソッドをベースに，長年の指導経験にもとづいて構築した実践的なトレーニング法のかずかずを紹介しつづけています。またスポーツコーチから学校教員にいたるまで幅広く指導者の養成に携わるなど，日本のスポーツ界への普及を着実に進めています。

そうした日本とドイツでの多岐にわたる教育・研究・実践活動の成果が盛り込まれた，いわば泉原流コーディネーショントレーニングの集大成ともいえる本書は，アスリートはもちろん，日本のスポーツ指導者にとって，大いに役立つ1冊となることは間違いないと考えます。

発刊によせて

日本の子どもたちに最適な
泉原流コーディネーショントレーニング

山本 浩
<ruby>山本<rt>やまもと</rt></ruby> <ruby>浩<rt>ひろし</rt></ruby>
法政大学スポーツ健康学部教授
元・NHK解説主幹

　「やるべき多くの仕事」「足りない時間」「きめ細かい規則」「優劣の評価」。日々の暮らしの中で私たちを取り巻く環境は，ますますゆとりのないものになってきた。こうした変化は，2020東京オリンピック・パラリンピックの開催準備と並行していっそう強くなったように見える。

　競技スポーツの世界でも，変化は似たような展開を示している。「相手選手からの激しいプレッシャー」「狭い空間」「時間的な制限」。本書の著者が示すフレーズは，そのまま現在私たちが社会で対応を迫られているものに重なる。

　そんな逃れようもない現実の中で，個々の能力発揮をうながし状況を克服するために提起されたのが，「コーディネーショントレーニング」だ。そこには，時代の要請に対応すべく，著者が長年のドイツ滞在で培った世界観と，自身の指導体験で身につけた方法論とがちりばめられている。

　海外で新たな手法を学んだ者が陥りやすいのが，適用すべき人間の個性やバックグラウンド，社会の変化を考慮しないまま「現地で学んだ手法こそが最善だ」と思い込んでしまうことだ。これに対し，本書では「考え方」と「実際の方法」とのあいだに，著者みずからの経験にもとづいた読み替えが行われている。日本の子どもたちには何がふさわしいか。考え方の芯を動かすことなく，取り入れやすく効果の高い方法論を提示する。コーディネーショントレーニングに関する欧米で活躍する人たちの現場を訪ね歩き，日本の指導者たちと情報を交わしながら体得した泉原流がそこには流れている。

トレーニングの世界では，筋・持久系のトレーニングに加えて，可動域を広げる運動にねらいを定めた機器が広く受け入れられるようになってきた。目に見えるかたちでの身体の変化は，運動能力と直結していることが少なくないが，それが可動域を広げることによって加速されていると気づくのには時間がかかる。スポーツ歯科医学の世界では，口腔内の炎症を抑えることがパフォーマンスの向上に資することが指摘され始めている。口内炎とアスリートのパフォーマンスが強い関係で結ばれているとは，外からはまったくうかがい知ることのできない構図だろう。

　コーディネーショントレーニングにも似たところがある。取り入れたからといってすぐに外からそれとわかるものではない。時間をかけながら繰り返し，状況の変化に応じて適用することによって，初めてそのメリットを享受することができる。

　「スピード」を誇る中で「巧みさ」を身につけたい。アスリートの欲しがっているものはしかし，なかなか己がものにはなりにくい。そんな中で著者の示すコーディネーショントレーニングの世界は，平易な言葉を使いながら，私たちに新たな気付きと社会の要請に応えるすべを語りかけてくる。練習で立ち止まったとき，試合で後戻りしたときなど，いつも手にしてみたい1冊だ。

発刊によせて

今後の日本スポーツ界の発展に貢献しうる1冊

乾 真寛
いぬい まさひろ

福岡大学スポーツ科学部教授／同大学サッカー部監督
元・ユニバーシアードサッカー日本代表監督（'05年世界大会優勝）

　日本では長年にわたり，動きの良し悪しを示す尺度として，"巧みさ"や"敏捷性"，あるいは"すばしっこさ"といった表現が用いられてきた。なかでも武道や舞踏においては，"所作"という言葉が用いられ，身のこなしのよさ，あるいは動きの素晴らしさを総括する用語とされてきた。いずれも動きの質を示す勘どころであり，パフォーマンススピードを左右するきわめて重要な要因である。

　ところが，それら動きの良し悪しを明確に指し示す実態の解明，あるいは具体的なトレーニング体系の構築が，これまで手つかずのままに放置されてきたと言ってよい。

　サッカー競技における"巧みさ・すばしっこさ"という点においては，小柄な選手に比べ，大型選手のほうが動きが遅くて鈍いため不利であり，競技力が劣るイメージがもたれている。実際のところ，育成年代のトレセン（選抜）やJユース等のセレクションの場面では，テクニックや動きの良し悪しの面において，小型の選手が圧倒的に有利とされてきた。

　こうしたある種の固定概念ともいうべき認識が，まだまだ日本では根深く残っている。そのため，大型選手の育成法に関しては，未だに明確な答えがないままになっている。大型選手を含め，アスリートの潜在能力を開花させるための体系立ったメソッドが，これまでの日本には不足していたことを考えると，本書は今後の日本スポーツ界の発展に十二分に貢献しうる1冊となるのではないだろうか。

　私は，2002年に日韓で開催されたFIFAワールドカップの際，かつてのサッカー日本代表監督である名将イビチャ・オシム氏（FIFAテクニカルスタディグループTSG委員）のサポート役としてご一緒する機会を得た。オシム氏は，現役のサッカー選手時代は，身長189cmの長身にもかかわらず，足技が素晴らしいテクニシャンタイプだったそうである。トレーナビリ

ティ（発達可能性）という言葉があるが，大型選手であっても，能力を開発しうるメソッドが確実に存在することを，当時オシム氏のトレーニングを目の当たりにし痛感させられた。

　すなわち，適切なトレーニングを行えば，未開発で手つかずの選手ほど伸びしろは大きく，その意味において，日本に多数存在する高身長の選手は，種目を問わず大変貴重な存在であると考える。

　学校教育において，先生の教えや指示に沿って動くということが習慣づけられている日本では，「指示されて動く」「答えがわかっている動きをそのとおりになぞっていく」などの要素は得意とする一方，「みずからの判断で行動を起こす」という点に関しては，まだまだ苦手なように思う。

　しかるにコーディネーショントレーニングは，日本人が持っている判断力や行動力を伸ばすのにも，まさにうってつけの方法であり，スポーツ選手の能力開発には不可欠と言っても過言ではない。

　コーディネーショントレーニングは，当然のことながら幼少期から始めることが重要ではあるが，本書の著者である泉原氏と研究・実践を進めていくなかで，発育発達期を終えた18歳以降の大学生年代においても，十分なトレーニングの成果を確認することができた。1人でも多くの指導者の皆様が，本書で紹介されているコーディネーショントレーニングを取り入れ，選手それぞれの内に秘められた素晴らしい可能性を存分に引き出せるよう，スポーツ指導にのぞんでいただきたいものである。

はじめに

　読者のみなさま，本書を手にしていただき，ありがとうございます。

　コーディネーショントレーニングのいちばんの特徴は，なんといっても，"脳を最大限に刺激する"トレーニングであること。加えて，遊び心を絶妙にくすぐる工夫が随所にちりばめられているため，子どもから大人まで，ワクワクする要素が満載であること。これに尽きるのではないかと思う。

　2002年，恩師である白石豊先生との共訳で，『サッカーのコーディネーショントレーニング』が上梓された当時の私は，念願であったドイツのケルン体育大学に留学してまだ間もない頃であった。コーディネーショントレーニングに関して見聞きするものすべてが新鮮で，トレーニング現場の取材や，現場コーチへのインタビューに駆けまわる日々を過ごしていた。

　つづく2003年からは，生活の拠点をコーディネーション研究の本場であるライプツィヒへと移し，以降，現場での指導実践と調査・研究に明け暮れていた。

　それ以降，長年にわたり日本とドイツを行き来しながら，教育・研究・普及活動に没頭するなかで，コーディネーショントレーニングは，キッズ・ジュニア年代を含めた育成世代からトップアスリート（代表選手やプロスポーツ選手）に至るまで，あらゆる世代の選手にとって不可欠のトレーニングであることがわかってきている。同時に，数多くの実践経験と研究エビデンスの獲得により，「メンタル面の改善や強化」「疲労回復（メンテナンス力）」「認知機能の向上」など，多様な効果があることが解明されつつある。

　コーディネーショントレーニングが運動神経や体力の向上に効果的であることは，国内外を問わず言われてきたが，私自身，これまでの指導実践のなかで，うまくいかない場面を幾度となく経験し，試行錯誤を繰り返してきた。そのうえで本書では，これまでに私たちが行ってきた研究で得られた成果にもとづく，多様なトレーニング効果についても取り上げた。いずれも，スポーツ種目や年齢を問わず，幅広い応用が可能であることを確信している。

　本書の編集にあたっては，ドイツ語圏の運動学・トレーニング科学にもとづくコーディネーショントレーニングの理論をはじめ，映像を用いた実践プログラムの紹介，さらにはトレーニングのコンセプトや応用事例など，可能な限り実践指向型をめざしたスタイルを貫くことを念頭においた。

　読者のなかには，すでに現場でコーディネーショントレーニングを実践している方もおられるかと思う。うまくいかない場面を経験することもあるかもしれないが，試行錯誤を繰り返し，徐々に経験を積み重ねていくことで，トレーニングを自分ものにしていただきたい。1人でも多くの読者が，本書で紹介したトレーニングを楽しみながら実践し，選手たちのプレーの中に，その効果を見つけていただければ幸いである。

泉原嘉郎

Contents

第1章 ドイツ発祥メソッド・コーディネーショントレーニング —— 1

第2章 フィジカル・テクニックとコーディネーションのつながり —— 15

実践トレーニング動画について

　本文で紹介したトレーニングの動画については，特設サイトで視聴できます。各トレーニング紹介頁に記載されたQRコードを読み取り，特設サイトにアクセスして下さい。

(https://www.taishukan.co.jp/item/soccer_coordinate/)

　文章やイラストでの解説とあわせてご活用いただくことで，より効果的にトレーニングを行うことが可能となります。

《実践トレーニング動画についての謝辞》
　特設サイトに掲載したトレーニング動画につきまして，ご登場いただいた選手の皆様へ，心より御礼申し上げます。
• 1. FC ロコモティブ・ライプツィヒの選手の皆様（2003 ～ 2010年/撮影当時）
• 福岡大学サッカー部の選手の皆様（2013 ～ 2019年/撮影当時）

《注意》
　トレーニング動画の内容は，著作権法により保護されています。個人的に使用する場合を除き，著作権法上著作者の許諾なく，改変，PC・CD等への複製（録音），配布，配信，および貸し出しをすることは禁止されています。
　本書のトレーニング動画の内容は予告なく変更になることがあります。あらかじめご了承下さい。

第1章

ドイツ発祥メソッド・
コーディネーショントレーニング

1.コーディネーショントレーニングとの出会い

　私がコーディネーショントレーニングに初めて出会ったのは，2000年の8月である。その当時，大学生だった私は，千葉県サッカー協会主催の指導者研修会に参加する機会を得て，講師として来日していたアントニオ・ディ・ムッシアーノ氏（イタリアサッカー連盟テクニカルディレクター）による，イタリア流の指導理論を，1週間にわたり学ぶことができた。そのときのキーワードの1つが，「コーディネーション」だったのである。

　なかでも，キッズやジュニア，あるいはジュニア・ユース年代の選手を対象にしたパートでは，コーディネーショントレーニングを核にした育成の体系論を中心に，話が進められた。当時の私にとっては，「コーディネーション」という用語は，まだ耳慣れないものだった。したがって，筋力や持久力といったコンディション能力とは別に，コーディネーションという，運動をまとめ上げて制御する能力なるものが存在していること，さらにはそのトレーニング法が，緻密に体系化されていることを知り，大きな衝撃を受けた。私は一言一句を逃すまいと，ムッシアーノ氏の説明を必死でノートに書きつづけた。研修会の終わり頃には，レポート用紙で300枚以上にもなってしまった。

　こうして，午前中が理論中心の講義，午後はその実践編というかたちで，毎回異なるテーマで進められた1週間にわたるセミナーは，あっという間に過ぎていったのである。その当時，指導者としての第一歩を踏み出したばかりであった私にとって，まさに目からウロコが落ちる思いの連続であったのは言うまでもない。なにより，ムッシアーノ氏が見せてくれた「サッカーのコーディネーショントレーニング」は，それまで持久力や筋力向上を意図したフィジカルトレーニング一辺倒で選手時代を過ごしてきた私にとって，まったくもって経験したことのないたぐいのトレーニング法であった。

　あまりにも衝撃的だったので，その後も数回にわたり，イタリアに住むムッシアーノ氏のもとを訪れた。幸いにも，毎回サッカーのコーディネーション理論やトレーニング法について，実際のトレーニングをまじえながら詳しい説明を受けることができ，私はコーディネーショントレーニングについての理解が，よりいっそう深まっていった。

　ムッシアーノ氏がくださった，イタリアのコーディネーショントレーニングの教科書に記載されている文献をたどってみたところ，多くがドイツ語の論文や書籍であった。さらにその大もとは，旧東ドイツのライプツィヒ学派であることがわかった。そうしたことから私は，ドイツのコーディネーショントレーニング事情について，そのルーツも含めて，さらに深く調べてみようと思うようになったのである。

2.スポーツ王国・東ドイツの
コーディネーショントレーニング

　コーディネーショントレーニングは，今から50年近く前，かつての東ドイツでオリンピックに参加する選手のために開発されたトレーニング法である。身体の動きと脳のはたらきを同化させ，すばやい反応や適確な状況判断の力を養うのが，主な目的である。

　かつての東ドイツの人口は，およそ1,680万人。それでいて，1980年に開催されたモスクワオリンピックで金メダルを47個も獲得したスポーツ大国である。体力を鍛え，精神面を強化するだけでなく，コーディネーショントレーニングを取り入れることによって，レベルの高い選手たちを育て上げ，さらには世界の檜舞台で活躍することに成功したのである。

　それからおよそ40年が経過しようとしている今，スポーツ現場でコーディネーショントレーニングが必要になった理由として，2つ挙げられる。まず，子どもの体力低下への対処である。幼少期における遊びの変化，あるいは運動経験の不足によって，子どもたちの体力や運動能力の急激な低下が世界中で叫ばれている。こうした傾向にあって，脳神経系のルートをはたらかせるトレーニングを取り入れると，非常に効果的でプラスになるということで，コーディネーショントレーニングへのニーズが一段と高まりを見せているのである。

　2つ目は，スポーツ競技におけるレベル向上への対応である。年々スポーツのレベルが上がっていくなかで，選手たちは相手選手からの激しいプレッシャーを受けたり，狭い空間，あるいは時間的に制限のある状況でプレーせざるを得なくなったりするような場合がほとんどであると言ってよい。

　ハイレベルな戦いのなかで，お互いにしのぎを削り合いながらも，イメージどおりの動きを実現し，エキサイティングなプレーを生み出すためには，精確な情報をいち早く取り入れて，瞬時に行動へと転化させるコーディネーションの回路を鍛えておくことが，不可欠なのである。

3.ドイツサッカーのコーディネーショントレーニング

　現在，ドイツにおける多くのクラブチームでは，長年にわたる研究と実践によって体系化されたコーディネーショントレーニングを盛んに行うようになってきた。とりわけサッカー競技に関しては，ブンデスリーガの多くのチームで，ジュニア・ユース年代において，コーディネーショントレーニングを専門とする「コーディネーションコーチ」が配置されている。

　またブンデスリーガのチームに限らず，多くの指導者たちのあいだでは，コーディネーショントレーニングの必要性についてたびたび議論されているし，指導者向けの雑誌でも頻繁に特集が組まれたりしている。もちろんドイツにおいても，コーディネーショントレーニングのと

らえ方やコンセプトは，じつにさまざまである。ボールをほとんど用いることなく，陸上を専門とするコーチによる，ランニングを中心としたアスレティック的な要素だけのものもあれば，ボルシア・ドルトムントのように，実際にボールを多用しながら，サッカーの専門的な要素をふんだんに組み込んで実践しているところもある。

　ドイツサッカー連盟（DFB）の指導者養成コース（主にジュニア・ユース年代の指導者を対象にしたC級またはB級ライセンスコース）でも，コーディネーショントレーニングに関する理論と実技が組み込まれている。なかでも私が興味をもったのは，コースが開催される州によって，内容がさまざまに異なるという点である。たとえば，2007年6月にコブレンツという街で行われたB級ライセンスのコースでは，コーディネーション・ファクターのうち，5つのコーディネーションの要素を用いたコンセプトが紹介されていた。時を同じくして，私の同僚だったコーチ仲間が，ドイツの首都ベルリンで行われたB級ライセンスコースに参加していた。のちに彼から資料を見せてもらうと，コーディネーショントレーニングの方法論やコンセプトは，私がコブレンツで見聞きしたものとは異なり，要求コンセプトにもとづく事例が紹介されていた。このあたりはまさに，それぞれの州がおのおの独自のコンセプトをもつという，ドイツ独特の地方分権体制が見事に反映されていて，中央集権的なシステムが色濃い日本で生まれ育った私にとっては，大変おもしろく思った。

　アカデミックな場面においても，そのあたりの事情は，さほど変わらない。たとえば，ドイツ国内を見わたしてみると，トレーニングのとらえ方や視点にかなりの相違が見られるのも，事実である（p.101の**表**「ドイツにおける情報系トレーニング例」を参照）。

　こうしたことから，ひと口にコーディネーショントレーニングといっても，ドイツをはじめヨーロッパ中を見わたしてみた場合，そのアプローチや方法論は千差万別であることがうかがえる。もちろん，それぞれに独自性があるからこそ，スポーツにおける勝負の場面が，より一段とおもしろいものになっていくのかもしれない。

4.楽しみながら上達する

　私が幼少の頃は，辛いことに耐えて苦しいことを乗り越えるのがトレーニングだという，いわゆる根性論的な考え方がまだ根強く残っていた。ところが，コーディネーショントレーニングの感想を選手たちに聞いてみると，「ワクワクするトレーニング」あるいは「真剣に楽しみながら，集中してできるトレーニング」といった答えが返ってくる。トレーニングが始まれば，あちこちで頻繁に笑いが起こったりもする。これはなにも，キッズやジュニア世代に限ったことではない。むしろ子どもから大人まで，あらゆるカテゴリーの選手たちに共通して見られる光景とでも言うべきであろうか。

　さて，この場合の「笑う」というのは，手を抜いたり，あるいは不真面目にやったりすると

いうのとは、いささかニュアンスが異なる。コーディネーショントレーニングでは、遊びの要素が満載であるがゆえに、おのずとイメージや想像力がかきたてられる。それと同時に、実践している選手本人が気づかないうちに、さまざまなコーディネーション刺激を体験できることによって、たとえばキッズ・ジュニア世代の選手であれば、幼少期に身につけておくべき運動能力の基本をも、合わせて養うことができるというものである。

　そもそも「笑い」というのは、楽しいからこそ生まれるものである。楽しむことの効果や重要性は、勉学やスポーツの上達に限らず、医学や社会学（コミュニケーション）など、さまざまな分野ですでに立証されている。記憶のメカニズムの第一人者である池谷裕二氏は、われわれ人間が何かを記憶したり、学習したりする場合の「楽しむ」ことの大切さについて、次のように書いている。

　　　勉強や丸暗記を含めて、なにごとも楽しんでできれば、それに越したことはないですね。扁桃体という脳部位で生まれる"楽しい"という感情は、大脳の覚醒レベルを高め、意欲を強くし、ものごとに対して集中する力を与えます。さらに、中隔野という脳部位が海馬にシータ波を起こさせて記憶力を高めます。よいこと尽くめなのです。

　このように、最新の脳科学による事例からも、楽しみながら行うことの大切さがわかるだろう。もちろんトレーニングである以上、選手が手を抜いたり、だらだらとふざけてやっていたのでは、トレーニング効果を得られるどころか、パフォーマンスを向上させることなどあり得ない。したがって選手たちが最高の雰囲気のなかで楽しみながら、なおかつ真剣に必死で取り組むことができるか否かは、すべからくトレーニングを行うコーチの腕次第ということになる。

　コーディネーショントレーニングに限ってのことではないが、「楽しみながら上達することの大切さ」というものを、とくにジュニア年代の育成に携わるコーチや指導者は、つねに認識しておくべきであるのは言うまでもない。

5.コーディネーションのしくみ

　本書のテーマである「コーディネーショントレーニング」をより深く理解するために、まずはコーディネーションの仕組みについて、説明していくことにしよう。

　まず、「コーディネーション」を辞書で引いてみると、「調整」「協調」「一致」あるいは「いろいろな筋肉運動のよい協同」といった説明がなされているが、スポーツ科学の分野では、「運動をする際に、うまくいくように運動をまとめ上げ調節する運動能力の１つである（ギュンター・シュナーベル）」と定義されている。

　目や耳などの五感によって、身体の内側と外側の情報刺激を掌握、分析しながら、今もっと

> **身近な例**
> 廊下を歩いているときに, 思わず足を滑らせて, 勢いよく尻餅をつきそうになった瞬間, とっさに目にした手すりをつかんで, バランスよく体勢を立て直し, なんとか事なきをえる。

こうしたことをとっさにやってのける一連のはたらき, すなわち「情報認識」「伝達する神経回路」「判断と命令」「体での反応」といった, 動きの協調性を獲得するのがねらいとなる。

```
情報認識 ➡ 伝達する神経回路 ➡ 判断と命令 ➡ 身体での反応
```

図1：コーディネーションの仕組み

も適切な行動は何なのかを判断して, すぐに行動に移す。これがコーディネーションの主な仕組みである（**図1**）。無論,「そんなこと, 誰でも当たり前にやっているよ」と思われる方がほとんどかもしれない。ところが, 現代の生活環境においては, こうした能力をはぐくむ機会が極端に少なくなってきている。均質で障害物のない環境での生活が, あえてそのような能力をもたなくてもやっていける人間を増やしている, と考えられるのである。

モータリゼーションの発展にともない, われわれの生活は, 安全で便利になっていく一方である。その反面, 均質で自動化された環境に安住しつづけてしまうと, 本来人間に備わっている,「刺激受容」「認識分析」「判断命令」「反応」といった一連の行動が, 機能しにくくなってしまう危険（リスク）もある。そうなることのないように, トレーニングを通じて, コーディネーション回路をしっかりと目覚めさせておこうというのである。

さて, 昨今のスポーツの現場で, コーディネーショントレーニングが求められるようになったのは, 一体なぜだろうか？　スピードを上げ, パワーを強化した選手たちに打ち勝つには, みずからのスピードやパワーの強化だけでは不十分で, 瞬時の判断と, すみやかな対応, さらには限られた空間の中で正確な動きを実現するための源泉となる「コーディネーション能力」の向上が, 欠かせないからである。

6. サッカー選手に必要な 7つのコーディネーション・ファクター

サッカー選手にとって必要となるコーディネーションの要素には, どのようなものが挙げられるのだろうか。種目を問わず, あらゆるアスリートに当てはまる基礎理論として, コーディ

ネーショントレーニング発祥の地である，ドイツ・ライプツィヒ学派では，コーディネーション能力は，次の7つに分類されている。

　まずは，あらゆるアスリートに当てはまる基本となる7つのコーディネーション能力（Blume, 1978 / Hartmann, 2010をもとに日本語での解説を作成）を紹介したうえで，「サッカーで必要とされる7つのコーディネーション・ファクター」を述べていくことにする。

【7つのコーディネーション能力】

①定位能力
　知覚のはたらきによって方向や距離，あるいは位置関係を瞬時に察知し，それに合わせて身体の姿勢や動きをタイミングよく方向づけ，全身を巧みにコントロールする能力。

②リズム化能力
　音楽や手拍子など，外側から与えられたリズムを自分の中に取り込んで，身体の動きに転化させたり，あるいはリズミカルに体を動かしたりして，イメージどおりの速さとタイミングで，スムーズな動きをつくり出す能力。

③分化能力
　ある運動を行う際に，その目的に応じて，手足や胴体，頭など各部位の動きや力の入れ具合をチューニングしながら，目的とする運動を巧みに成し遂げる能力。この能力が高められることによって，より正確かつ経済的な動きが可能となる。

④反応能力
　目や耳で察知したシグナルや情報に対して，迅速かつ適確に反応し，すばやい動きを実現させる能力。

⑤バランス（平衡）
　全身を平衡に保つことでみずからの姿勢を維持したり，一度体勢がくずれた状態から，ふたたびバランスのとれた状態へと，すみやかに回復したりする能力。

⑥連結・結合能力
　全身の動きをうまく連動させたり，複数の動作を連続してスムーズかつダイナミックに行う能力。

⑦変換能力
　刻一刻と変化する状況をつねに先取りしながら，その時どきで最適な動きをつくり出す能力。

つづいては，サッカー選手に必要となるコーディネーションの要因（7つのコーディネーション・ファクター）を説明していくことにする。

　いずれも，前述した「7つのコーディネーション能力」をモデルにしているが，たとえば「定位能力」であれば，そのうち「スペーシング」と呼ばれるサッカーではきわめて重要な空間認知のファクターを取り出してみたり，「リズム化能力」の場合には，「タイミング」の要素にスポットを当てたりというように，サッカーという専門性を勘案しながら，それぞれの特徴をよく反映するキーワードを当てはめてみた。なお，それぞれのもととなる能力も，合わせてカッコ内に表記した。

【サッカーで必要とされる7つのコーディネーション・ファクター】

①スペーシング（定位）

　サッカー選手にとって，とりわけ重要な要素として挙げられるのが，「スペーシング（定位）」である。すなわち，目や耳などの五感をフルにはたらかせて，「自分が一体どこにいるのか？」あるいは「味方や相手選手がどこにいるのか？」といった，空間の位置関係の把握に必要となる感覚がこれに当たる。

　世界最高の司令塔の1人と呼ばれる元スペイン代表のシャビ選手（シャビエル・エルナンデス・クレウス）は，「僕には，ピッチの上のすべてが見えている。つねに敵や味方の位置を全部把握しようとしているんだ」とコメントしているように，空間を把握する能力，すなわち，目から入った情報を上から鳥の目のように俯瞰的にとらえる能力が飛び抜けてすぐれた選手と言われている（NHKスペシャル，2014）。

　そのほかにも，サッカー選手にとって必須となるスペーシング感覚は多岐にわたるが，代表的なものを挙げるとすれば，次のようになる。

- 巧みなポジション取り
- ボールの落下地点のすばやい予測
- ディフェンスの選手同士の絶妙なラインコントロール

②タイミング（リズム化）

　つづいては「タイミング」である。よくサッカー中継の実況などで，「絶妙なタイミングでスルーパスが通った！」あるいは「今のPKはタイミングが完全にGKに読まれていた」というたぐいのセリフを解説者が口にすることがあるが，いわゆる時間的な要素のことである。ドリブルで相手選手を抜き去る場合には，みずからでつくり出したリズムをベースに，巧みなフェイントを発揮できるかどうかがカギとなる。このようなタイミングのよいプレーは，スピードや身体のリズムなど，味方や相手選手の時間的な情報をうまく感じとり，みずからの体内で共感・同調させた結果として，成し得ることなのである。

③グレーディング（分化）

　不慣れな脚でボールを扱う競技であるサッカーにおいて大切なのが，キックやタッチの感覚（触覚）である。たとえばパスやシュートの際に，感覚を精妙に研ぎすませ，力の入れ具合を調節しながら，どのくらいの強さでボールを蹴るのかという「グレーディング」の感覚は，サッカー選手にとって非常に重要な要素であり，ボールコントロールのいちばんの基本となるものである。

　せっかくの大事な場面で力みすぎてしまっては，ゴール前のシュートチャンスをものにすることはできないし，逆に蹴る力が弱すぎても，味方にパスを送り届けることができず，相手選手にボールを奪われてしまう。これらは，サッカーの試合では頻繁に見られるシーンであるが，いずれにしてもキックやドリブル，またはヘディングなど，ボールを扱うあらゆる場面において，絶妙な力加減が必須となるのであり，このグレーディング感覚は，動きの正確さと強くリンクしている。

④バランス（平衡）

　相手選手の妨害を受けたり，ヘディングで競り合ったりしたあとの着地の場面などで必要となるのが，優れた「バランス（平衡）」感覚である。力強いシュートや正確なパスも，軸足の絶妙なバランス力があってこそ生み出される。なによりバランスがすぐれた選手は，体勢がくずれそうになっても，体を思いどおりに動かすことができるし，また仮に相手選手からの激しいマークを受けても，うまく平衡を保ちながら，局面を打開することができるのである。

⑤リアクション（反応）

　「リアクション（反応）」も，サッカー選手には欠かせない要素である。これには大きく分けて，１つのシグナルや合図に反応するという単純反応と，複数の選択肢に対して反応するという，複合反応の２つに分類される。サッカーのように，激しい攻防が繰り広げられる中で，複雑な情報処理が要求される競技においては，無論，「複合反応」に対する処理能力を向上させることが必須となるのは言うまでもない。「味方選手からの支持や合図にスピーディーに反応すること」や「ゴールキーパーがシュートを防ぐ際のすばやい反応」などがこれに当たるが，いわゆる，動き出しのスピードを決定づける要因となる。

⑥コンビネーション（コネクション）（連結・結合）

　サッカーでは，ボールを中心に選手同士が入り乱れての複雑な攻防が繰り広げられる。そのためつねに相手選手からの妨害を受けながらも，ジャンプやターン，方向転換を繰り返しながら，多様な動きの中で，ボールを蹴ったりコントロールしたりしなければならない。「ドリブルで相手選手を抜きさった直後にシュート」「ダッシュしながらのスライディング」など，複数の動作を連続してスムーズに行いながら，洗練された技術を駆使して難しい局面を打開するためには，「コネクション（連結・結合）」の要素が不可欠となる。

⑦トランジッション（変換）

　最後は，コーディネーション・ファクターのかなめとなる「トランジッション（変換）」である。

　現代サッカーの特徴として，ゲーム展開が非常にスピーディーだということが挙げられる。そのため選手には，迅速な状況判断力が求められるばかりでなく，攻撃から守備へのすばやい切り替えを行うなど，非常に高いレベルのプレーが要求される。

　こうしたなかでも，つねにゲームの流れを先読みしながら，プレーのイメージをつぎつぎとつくり換え，その時どきで最適な動きを生み出せるかどうか，すなわち「トランジッション」の優劣こそが，勝敗を決する大きな要因の１つになると言っても過言ではない。ゲーム展開の適確な予測，すなわち「先取り」がカギとなるため，豊富な競技経験こそがものを言う要素となることも多い。

　さて，以上に挙げた７項目のうち，ジュニア選手と呼ばれる12歳頃までにしっかりと身につけておきたいのが，「スペーシング」「タイミング」「グレーディング」「リアクション」「バランス」の５項目である。

　そのなかで，私自身も頻繁に活用しているのが，「スペーシング」「タイミング」「グレーディング」の３ファクター・モデルである。

　これはイタリアサッカーのコーディネーショントレーニングからヒントを得たもので，「時間・空間・力加減」の３拍子というテンポのよさから，トレーニングを立案する際の視点としては非常に明快で，親しみやすいのが特徴である。

　これらの３つを主軸としながらも，キッズ・ジュニア世代で基礎となる，リアクションとバランスを加えた５つのファクターを高めていきながら，その後，年齢が上がるにつれ，サッカー選手として必要なテクニックに磨きをかけ，フィジカルを鍛え上げ，戦術力を高めていくことになる。

　最終的には，選手みずからのストロングポイントを実際の試合で十分に発揮できるように，「コネクション」あるいは「トランジッション」の強化にシフトしていくというのが，一連の強化プロセスということになる。

7.コーディネーショントレーニングの効果

　「コーディネーショントレーニングを行うことによって，どのような効果が得られるのだろうか？」という質問を受けることがよくある。ここでは，最新の科学的研究の成果もふまえながら，コーディネーショントレーニングの効果について説明していくことにしよう。

①レディネスの形成（新しい動きやスポーツのテクニックをより短期間で習得できる）
　運動学習能力（運動習得のための前提条件）を効果的に高めることができるため，新たに身につけようとする動きやスポーツのテクニックを，より短い時間で身につけることが可能となる。

②ブラッシュアップ機能（習得したテクニックをより高いレベルへと洗練させる）
　すでに習得済みのテクニックに，コーディネーション的な刺激を組み合わせたドリル，すなわち技術・コーディネーショントレーニングを行うことで，いかなる状況下においても，正確かつ安定的に，技を発揮できるようになる。これにより，パスの精度も向上するため，パスミスが減少するとともに，シュートの精度が上がることで，得点率の向上にもつながる。

③省エネ・転移
　筋肉に秘められたパワーを最大限に発揮できるほか，筋肉同士の調和がはかられることによって無駄なエネルギーの消費を防ぐことが可能となり，結果としてパワーやスタミナなど，フィジカルパフォーマンスを十二分に発揮できるようになる。

④メンテナンス
　コーディネーショントレーニングを行うことによって，脳内をリラックスさせることができるため，精神的なリフレッシュ効果が得られる。結果として，疲労の軽減にもつながる。そのほかにも，低下した気分や集中力を回復させたり，あるいはインスピレーションあふれる状態へと引き戻したりすることが可能となる。

⑤ストロングポイントの発揮
　「火事場のばか力」と言われる現象のように，切羽つまった状況に直面した瞬間，本人が気がつかないあいだに，無意識のうちにパフォーマンスのリミッターがはずれ，みずからに内在する心・技・体すべてのリソース・ポテンシャル（＝潜在力）が存分に引き出された結果，通常では考えられないほどの爆発的な能力が発揮されることがある。コーディネーショントレーニングを行うことにより，実際の試合中に，高度に洗練された技術，体力（フィジカル），戦術，精神力などの諸要素を瞬時にまとめ上げ，その時どきの状況に応じたベストなパフォーマンスを発揮できるようになるのである。

　年代別の優先度という点からすれば，①はキッズやジュニアといった若い年齢において非常に重要となるものであり，これがまさに，「コーディネーショントレーニングを開始するのは，早ければ早いほどよい」と言われるいちばんの理由である。
　②と③については，キッズやジュニアをはじめとする育成年代からシニア（トップ選手）まで，あらゆる年代で必要とされる要素ではあるものの，年代が上がるにつれて，トレーニング内容

が種目の専門性を帯びていくのに従い，より高度で難度の高いものへと変化していくことになる。

　また④に関して言えば，大学生以降のトップレベルの世代のように，過密スケジュールの中で試合をこなすなど，次の試合までの間隔が少ないというような場合の対応手段として，非常に有効である。

　⑤は，トップ選手を対象にした戦術コーディネーショントレーニング（第3章で詳しく紹介）の際に，きわめて重要な意味をもつ。心・技・体の各要因がハイレベルな状態にまで到達した選手に対し，最難度のコーディネーション・プレッシャーが突きつけられることで，十分なトレーニング成果が期待できるのである。

引用・参考文献

・池谷裕二（2002）．最新脳科学が教える 高校生の勉強法．東進ブックス．
・泉原嘉郎解説（2012）．NHK 視点論点「コーディネーショントレーニング」．NHK，2012-6-12放送．
・泉原嘉郎（2018）．福岡市体力向上マニュアル．福岡市教育委員会（監修：泉原嘉郎）．
・K・マイネル，G・シュナーベル，綿引勝美訳（1991）．動作学—スポーツ運動学．新体育社．
・NHKスペシャル：ミラクルボディ，サッカー・FIFAワールドカップ第2回「スペイン代表 世界最強の"天才脳"」．NHK，2014-6-8放送．
・Blume D.-D.（1978）.Zu einigen wesentlichen theoretischen Grundpositionen für die Untersuchungen der koordinativen Fähigkeiten. Theorie und Praxis der Körperkultur, H. 1, S. 29-36.
・Hartmann C., Minow H. -J. & Senf G.（2010）. Sportverstehen-Sport erleben. Lehmanns Media.
・Schnabel G. & Thieß G.（1993）. Lexikon Sportwissenschaft. Leistung-Training-Wettkampf. Verlag Sport und Gesundheit.

コラム１：現場レポート① 福奏プロジェクトにおける研究・実践事例より

　2016年４月より，福岡大学・福奏プロジェクト（*注１）の一環として，福岡市教育委員会とコラボレーションするかたちで，コーディネーショントレーニングを体育授業に活用することを目標に，共同研究を実施している。

➤2016年〜現在：「体育指導者なら知っておきたいコーディネーショントレーニングのこと」をテーマに，福岡市内の小学校や中学校の先生を対象にした指導者研修会を多数実施。

➤2017年：体育授業に役立つコーディネーショントレーニングの教材開発をすすめるとともに，福岡市内の小・中学校の先生がた（福岡市教育委員会・体力向上推進委員会メンバー）と共同でリーフレットを作成し，全校へ配布。

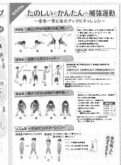

➤2018年：コーディネーショントレーニングについてまとめた書籍とDVDを作成。福岡市内すべての小学校および中学校に配布を完了。

➤2019年：楽しくできるコーディネーショントレーニングの普及活動を実施。体育授業でどのように取り入れていくのか，具体的な方法およびプログラムを提案。

　本コラムでは，これまで福岡市内を中心に行ってきた教育現場との共同研究を取り上げながら，子どもたちのコーディネーション能力にスポットを当てた実践研究の事例を紹介する。

研究事例１　都市部と非都市部のコーディネーション能力比較

　都市部と非都市部で，子どもたちのコーディネーション能力に違いがあるのか否かについて，福岡市と福岡県遠賀郡の小学生（２〜４年生）を対象に比較研究を行ったところ，非常に興味深い結果が得られた。

　すなわち，リズム化能力に関しては福岡市の子どもたちのほうがすぐれており，一方で，グレーディング力（力の入れ具合を左右する分化能力）は遠賀郡の子どもたちのほうがよい結果となった。加えて，バランス能力に関しては３年生と４年生に限り，遠賀郡の子どもたちのほうがすぐれていた。定位能力は，両地域のあいだで違いは見られなかった。

研究事例2　学年別の比較

　3年生と4年生の2学年を対象に，学年別に比較したところ，福岡市と遠賀郡ともに，定位能力に関してのみ，3年生よりも4年生のほうがすぐれていた。この点については，「低学年児童期（小学1・2年生），あるいは中学年児童期（小学3・4年生）の期間は，定位能力のもとになる視覚的空間認知機能が，30～40％の割合で急激な発達を見せる」という，ヒルツによる報告（*注2）を裏付ける結果となった。

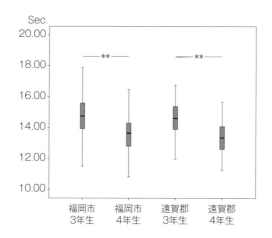

図：3年生と4年生の定位能力の比較

　バランス能力，分化能力，リズム化能力に関しては，3年生と4年生で違いは確認されなかった。

研究事例3　暦年齢とコーディネーション能力の優劣の有無

　福岡市と遠賀郡の子どもたちを，それぞれ学年ごとに，早期生まれと後期生まれの2グループに分けて，コーディネーション能力の差異を比較した。
・グループ1（早期生まれ／誕生月：4月，5月，6月，7月，8月，9月）
・グループ2（後期生まれ／誕生月：10月，11月，12月，1月，2月，3月）

　結果として，福岡市および遠賀郡の各学年ともに，グループ1とグループ2とのあいだに差は見られなかった。

　これにより，小学2年生から小学4年生までの年代においては，コーディネーション能力の優劣と，出生の時期（早い時期に生まれたか，遅い時期に生まれたかどうか）に，関係性は見られないことがわかる。

---

*注1　文部科学省認定・私立大学研究ブランディング事業
*注2　Hirtz P. (2007). Phänomen der motorischen Entwicklung des Menschen.
　　　Schorndorf : Hofmann.

│第2章│

フィジカル・テクニックと
コーディネーションのつながり

1.フィジカルとコーディネーション

| 1 | エネルギーファクターと情報ファクターの一体性

　コーディネーションの仕組みをよりよく理解するためにも，まずは運動能力という視点から，全体像を見ていくことにする。**図1**は，ドイツのライプツィヒ学派で生まれた，パフォーマンスの前提となるモデルを示したものである。このドイツの考え方は，日本で言われるような行動体力をはじめとする体力の考え方とは，やや趣を異にする。

　日本で言われる体力の要素といえば，「筋力」「持久力」「柔軟性」「敏捷性」「調整力」の5つが挙げられる。この中の「調整力」が，いわば本書の主題であるコーディネーション能力に相当する能力となるのだが，それぞれの意味合いや性質に関しては，日本とドイツとではとらえ方が異なるのである。

　すなわち，コーディネーション能力とは，日本で言われる「調整力」のように，体力要素の一部として機能する能力ではなく，体力の諸要素を，大脳のはたらきによって巧みにコントロールし，上手にコーディネートする役割を担うものである，と言えばおわかりいただけるであろうか。詳しくは，**図2**をもとに説明していくことにする。左側の「エネルギーファクター」に属する「筋力」や「持久力」は，スペースシャトルにたとえるならば，ジェット燃料に当たる部分である。一方，「情報系のファクター」である「コーディネーション能力」は，パイロットをはじめ，フライト全般を制御する無数のコンピュータや電子制御回路が置かれている操縦室（コックピット）ということになろうか。たとえどんなにすばらしいジェット燃料が大量に

〈運動能力〉
パフォーマンスの前提条件

エネルギー系 energetische Leistungsvoraussetzungen	←→	情報系 informationelle Leistungsvoraussetzungen

主にエネルギー系のプロセスによって規定される		主に情報系のプロセスによって規定される
持久力 Ausdauer　　筋力 Kraft	スピード Schnelligkeit	コーディネーション能力 Koordinative Fähigkeiten
	柔軟性 Beweglichkeit	運動能力（スキル） technische Fertigkeiten

図1：運動能力の分類（Hartmann, 2010をもとに筆者改変）

備わっていたとしても，それらを上手に操るパイロット，それからコンピュータ回路による制御のはたらきなくしては，安全な飛行はおろか，目的地である宇宙へとたどり着くことはできないのである。

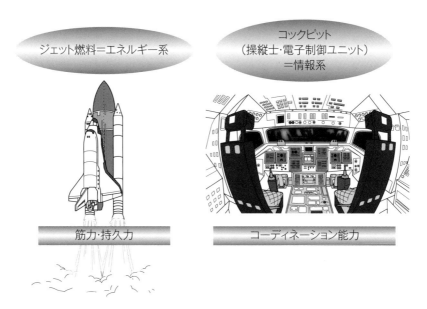

図2：エネルギーファクターと情報系ファクター

　要約すると，スペースシャトルのコックピットのように，中央指令センターである大脳のはたらき，すなわち「情報ファクター」の回路であるコーディネーション能力によって，エネルギー系の諸要素がコーディネートされてはじめて，最適なパフォーマンスが発揮されるというのが，主な仕組みである。

｜2｜ エネルギーファクター（フィジカル面）のコーディネート

　体をできる限り思いどおりに動かすためには，筋肉が大脳のはたらきによって上手にコントロールされる必要がある。たとえば，筋力はあるのに，なかなかねらったところへボールを思いどおりに蹴ることができない選手や，スタミナはある一方で，すばやく走るのはどうも苦手という選手はたくさんいる。しかし実際には，そうしたエネルギーファクター（フィジカル面）の要素だけがすぐれていたり，あるいはそれらのうちのどれか1つが飛び抜けていたりする，というようでは，スポーツをするうえでは不十分なのである。結論から言えば，エネルギーファクターの諸要素であるフィジカル面が，大脳のはたらきによってバランスよくコーディネートされなければ，スポーツの実践においては，あまり意味がないということになる。

　それでは一体，どのようにしてエネルギー系の各要素がコーディネートされるのであろうか。これについては，たとえば運動生理学的，あるいは神経生理学的に見た場合，中枢神経系のは

たらきと筋肉とのスムーズな協調，すなわち「神経－筋の連動性」と表現することができる。またさらに詳しく言えば，筋内コーディネーションと筋間コーディネーションの関係（筋内および筋間コーディネーション：筋内コーディネーションとは，筋肉内部，つまり個々の筋繊維の協調。筋間コーディネーションとは，上下に重なり合った筋肉同士の協調）についても論じられている。

　運動する際に，みずからの思いどおりに，速く（スピード），力強く（筋力），しなやかに（柔軟性），効率的に（持久力）動くためには，各筋肉が神経系のはたらきによって巧みにコントロールされていなければならない。そのためにはもちろん，中枢神経系のはたらきと筋肉とのスムーズな共同作業が不可欠であり，それが実現できてこそ，体の動きを上手にコーディネートできるようになる。この「神経－筋の連動性」を高めるためには，スティックやラダー，またはハードルやフープなどを用いる方法が考えられる。

　もう少し具体的に言えば，フィジカル的な要因に，リズム的な要素や，筋肉の力の抜き入れ，あるいは手脚の連動性（ジョイント具合）といったコーディネーション面の視点を組み合わせることによって，神経と筋の連動スピードを飛躍的に向上させようというのがコーディネーショントレーニングのねらいである。

　その際のポイントとして，足元のステップワークに合わせて，腕の振りも忘れずに連動させるなど，つねに意識して体を動かしつづけるというのはもちろん大切だが，それよりさらに，力の抜きと入れのタイミングという意味での「リズム」が大きな意味をもつ。専門的には，これを「緊張と解緊のリズミカルな交代」と言う。

　実際にスポーツをやったことがある人ならおわかりかと思うが，力を抜くことのほうが，入れることよりもはるかに難しい。というのも，運動していればおのずと力は入る。したがって肝心なのは，「いかに力を抜くことができるか」，もっと言えば「力の抜き入れをタイミングよく交互に行えるかどうか」が重要なのである。つねに力が入って緊張しっぱなしだったり，その逆に，抜けすぎてふにゃふにゃしたりという状態でもいけない。普段はゆるゆるに垂らされた縄のムチが，ここぞというタイミングで，一瞬にして「ピシャッ」としなるように，力の抜きと入れのタイミングや，その強弱のつけ方のコントロールを学ぶことが，運動上達への近道ということになる。

　もちろん，トップ選手になればなるほど，強靱な筋力が必要とされるのは言うまでもないが，諸筋群が上手にコーディネートされることによって，1つ1つの筋肉同士が相互に調和し，さらに動きが活性化され，筋全体に大きなエネルギーが生まれる。その結果，筋肉に本来備わっている潜在力を引き出せるようにもなるし，なにより筋肉に秘められたパワーを最大限に発揮できるようになるのである。

　そのほかにも持久力という点では，運動に関わっている筋肉を効率よく稼動させるとともに，動きに関与していない筋肉をリラックスすることができるようになれば，「省エネ」つまり無駄なエネルギーの消費を防ぐことができる。このように，筋肉同士の調和がはかれるようになることで，持久力の向上に大きく貢献することが可能となる。

｜3｜スピードとコーディネーション

　スピードトレーニングと言えば，フィジカル，あるいはコンディショントレーニングに見られるような，ダッシュやサーキットトレーニングが代表例として挙げられる。その一方で，近年のドイツ語圏をはじめとするスポーツ科学の分野においては，エネルギー系はもとより，反応，決断，認知，予測，といった知覚の情報処理プロセスも含んだものがスピードである，というとらえ方が一般化しつつある（**図3**）。

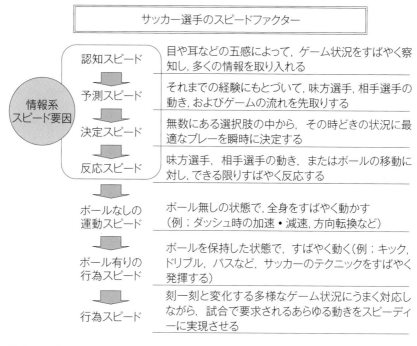

図3：スピードの種類とその特性（Weineck，2002年）

　したがって，スピードトレーニングの実施に際しては，コーディネーション的な視点を加味しながら，より複合的にとらえていくことが，パフォーマンス上達のいちばんの近道ということになる。もちろん速く走れるようになるためには，ただコーディネーショントレーニングだけを行えばいい，というわけではない。そのほかにも，必要な筋肉を鍛えたり，加速のための爆発的パワーを生み出すトレーニングも欠かせない。なにより速く走るためには，ランニングの正確な技術が不可欠となる（シュライナー，2002）。それらを大前提としたうえで，さらに実際のゲームでよりスピーディーな動きが実現できるように，スピードトレーニングのなかに，動きの複雑さや正確さ，あるいは瞬時の切り替えやすばやい反応といった，コーディネーション的な要素を織り交ぜていくのである。

　スピードトレーニングの実施に際しては，コーディネーショントレーニング同様，以下に示したように，トレーニングのポイントをしっかりと理解しておく必要があろう。

①ウォーミングアップを入念に行い，体をあたためてからはじめる

②心身ともにフレッシュな状態で行う（ウォーミングアップとメイントレーニングのあいだが より効果的）

③つねに最大スピードの発揮をめざす

④セットごとの継続時間は，最長でも8～10秒以内とする

⑤体の疲労を完全に回復させてから，次のセットにすすむ

⑥内容をつぎつぎと変化させる（ルーティンを避け，バリエーションを大切にする）

| 4 | サッカー選手のABS機能（ブレーキング）の強化

　スピードと言えば，すばやい体の動き，あるいはダッシュやランニングが連想される。そのため，「速く上手に止まる」と言っても，あまりピンとこないかもしれない。かく言う私も，このキーワードを初めて耳にした十数年前は，あまりよくわからなかったというのが正直なところである。つまり速く走るための方法論を追い求めてはいても，それとは反対に，「速く上手に止まる」という発想はなかったのである。

　ところが，マッシモ・ネーリ（ASローマ・フィジカルコーチ/2001年当時）のアイデアを知ってからというもの，「ブレーキングスピード」というものに興味をもちはじめた。それがきっかけとなって以来，「速く上手に止まる」というブレーキング機能の強化を，スピードトレーニングにおける重要な視点としてとらえるようになった。

　ネーリは，2001年当時にASローマに所属していた元サッカー日本代表の中田英寿選手を例に挙げ，ブレーキング能力を車のABS機能（ABS＝アンチロック・ブレーキング・システム：急ブレーキ時のスリップを回避するために，車輪の回転をコンピュータで自動制御することによって，タイヤのロックを防ぐとともに，絶妙なステアリングをも可能にし，より速く安全に止まれるようにするためのシステム。Antilock-Braking-Systemのそれぞれの頭文字をとってABSとなる）にたとえて，次のような興味深いコメントを述べている。

　　瞬発力強化のメニューとしては，プライオメトリクス（伸展性筋収縮を伴うトレーニング）や上り坂のダッシュなどがあります。伸展性筋収縮，つまり筋肉が伸びきった状態でのパワーというのは，走るときではなく止まるときに重要になります。同じくらい足が速い2人の選手がボールを追ったとき，早くボールに追い付くのは止まる能力の高い方ですから，ブレーキングは重要です。ヒデのブレーキングは，クルマにたとえればABS付きですよ。スリップしないで短距離で止まれる。（原文より抜粋：マッシモ・ネーリ氏へのインタビュー記事（片野道郎訳），Number Plus June 2001, p.38）

このネーリによる，ABSにたとえたエピソードは，非常にユニークでわかりやすく，思わずなるほどと納得させられてしまう。

　おおよその内容としては，フィジカル，あるいはエネルギー系トレーニングによる視点だが，ここへさらに「コーディネーション的な見方を加えてみてはどうだろうか」というのが，私からの提案である。たとえばそれは，ダッシュの際の全身の力の抜き入れ（グレーディング感覚）や，動きのリズム，あるいはいくつかの複雑な動きを組み合わせて上手に行うために必要な動きのコンビネーションなど，巧みな体さばきに関する視点である。

　よりサッカー的な観点から説明すると，相手選手と入り乱れてボールを追いかけるという，実際のゲームでよく見られるシーンであったり，またよりコーディネーション的な観点としては，状況の変化への対応力，すなわちトランジッションという視点も必要になってくる。いずれにしても，コーディネーションを介して，スピードにまつわるサッカー選手のABS機能（ブレーキング能力）を統合的にとらえることで，より実戦に近い状況のなかで，なおかつ楽しみながら高めていくことができるのである。

　以下に，ABS機能を高めるためのトレーニング例を2つ紹介する。

ABS機能を高めるトレーニング1

☆ジェネラル・コンテンツ
対象年代:U-12/U-15/U-18/トップ

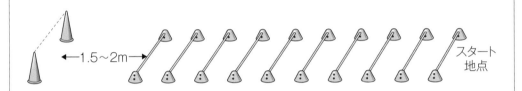

←1.5〜2m→

スタート
地点

●オーガナイズ
• 図のように，スティックを用いたハードルを，40cm間隔で10本ほど並べる（年齢と体格に応じて，スティックの幅を変えてもよい）。
• 最後のスティックの1.5〜2m先に，停止用のバーハードルを置く。

●トレーニング方法
①ミニハードルの上を全力で走り抜ける。
②最後のハードルを全力で走り抜けたら，バーハードルにぶつからないように，手前でうまく体を静止させる。

●ポイント
• はじめから，バーにぶつからないように止まることを意識しすぎると，走るスピードが上がらないので，少なくともハードルの途中（半分）くらいまでは，全力で走るようにうながす。
• 一方で，ハードルの後半部分まで全力で加速しすぎると，今度は体の動きをうまく制御できず，バーにぶつからずに止まることができなくなるため，全力で走りつつも，ブレーキをかけるタイミングも合わせて意識させる。

ABS機能を高めるトレーニング２

★スペシャル・コンテンツ

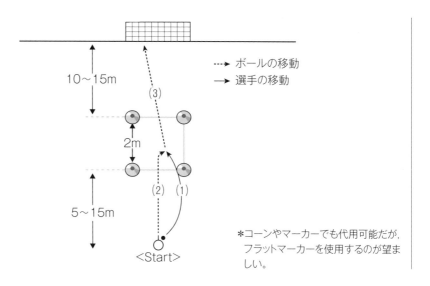

10～15m

2m

5～15m

- - -▶ ボールの移動
　　→ 選手の移動

(3)

(2) (1)

<Start>

＊コーンやマーカーでも代用可能だが，フラットマーカーを使用するのが望ましい。

●オーガナイズ

・図のように，ゴールから10m（ペナルティースポット付近）ほど離れたところに，マーカーを４つ用いて，２×２ｍくらいの広さのグリッドをつくる。
・グリッドから５～10ｍ離れた地点をスタートラインとする。
・ゴールまでの距離，グリッドの広さは選手の年齢と能力に応じて変える。

●トレーニング方法

①スタートラインからグリッドに向かってボールを手で転がす。
②すぐにボールを追いかけ，グリッドの中にボールがあるうちにシュートする。
③ボールがグリッドの外に出てしまった場合には，シュートできないものとする。

●バリエーション

①ボールを手で転がすのではなく，バウンドさせるように投げる（両手，あるいは右手/左手で）。
②ゴールキーパーのパントキックの要領で，手にしたボールをふわっと浮かせてからボールを蹴る（右足または左足で蹴る）。
③インサイドキックでスタートする（右足または左足で蹴る）。

●ポイント

・「グリッドに向かってボールを投げる（または蹴る）→走る→シュート」という一連のプロセスを，途中で動きを止めることなくスムーズに行えるようにする。
・パスの強弱（ボールを投げたり蹴ったりする際に力の入れ具合）を意識させる。
・歩幅のチェンジ，あるいは走からシュートへとテンポよく動きを切り替えるためのリズム感を大切にする。

2.運動の技術とコーディネーション

| 1 | 技術トレーニングとコーディネーショントレーニング

1）技術とコーディネーションの違い

「コーディネーショントレーニングによって，キックやヘディングなどのテクニック（技）を身につけることはできるのだろうか？」という質問を受けることがよくある。

答えは否，コーディネーショントレーニングは，スポーツ専門の技そのものを身につけるためのものではない。なぜなら，コーディネーショントレーニングは，あくまでもコーディネーション能力の向上に資することが目的だからである。

したがって，技を身につけるためには，それぞれの技に含まれる技術を習得するためのトレーニングが必要となる。これが俗に言う「技術トレーニング」であるが，本来の正式名称は「技能（スキル）トレーニング」となる。その主なねらいは，サッカーで言えば，インサイドキックやインステップキックなど，種目専門で必須となるテクニックを獲得し，さらにその習熟レベルを向上させることにある。

私がコーディネーショントレーニングに出会ったばかりの当初は，技術トレーニングとコーディネーショントレーニングの違いをうまく区別できないでいた。これは，両者ともに競技専門のテクニックが用いられているがゆえに，双方を混同してとらえてしまっていたからである。もちろん，ともに種目専門のトレーニングである以上は，それぞれに共通点もあるわけだから，明確に区別するのは難しいのかもしれない。とはいえ，混同したままの状態では，いつまでたっても目的に応じた，より最適なトレーニングを行うことなどできはしない。そうした思いが，当時私の頭の中でうずまいていた。

最初は手さぐりでのスタートではあったものの，コーディネーションについての理論的な理解が深まるにつれ，少しずつ，みずからのトレーニング活動に活かすことができるようになっていった。その大きなきっかけとなったのが，コーディネーション理論発祥とされる，ドイツ・ライプツィヒ学派の理論に出会ったことである。

2003年の夏に，かつての留学先であったケルンからライプツィヒへと居を移したばかりの頃，ドイツにおけるコーディネーション研究の権威であるクリスチャン・ハルトマン博士の授業に参加する機会を得た私は，コーディネーションと技術のつながりについて，**表1**をもとに，わかりやすい説明を受けることができたのである。

表1：技術とコーディネーションの違い／Hartmann（ハルトマン）

共通点	相違点	相互関係
• 主に情報系によって規定される • 天性の才能や遺伝はなし • 運動の学習とトレーニングの継続によって上達可能	〈コーディネーション能力〉 • パフォーマンスの前提条件である • 運動の同時並行処理に必要 - - - - - - - - - - - - - - - - 〈スポーツ技能〉 • スポーツにおける課題や目的達成のための手段	【前提条件的機能】 基礎的コーディネーション能力レベルが，技を習得し，さらに自動化へと至る際の条件となる 【副次効果的機能】 種目専門の技術トレーニングを行うことによって，その種目の専門的コーディネーション能力を同時に高めることができる

＊ライプツィヒ大学2003/2004 冬期ゼメスター「運動学（Sportmotorik）」の講義で使用された資料より。ハルトマン博士本人の了解を得て本書で引用・掲載。

　こうして「技術とコーディネーション」の関係性についてヒントが得られた瞬間，それまで悶々とかかえていた悩みが一気に氷解した。それと同時に，私のなかでコーディネーショントレーニングをどのように現場に取り入れていけばよいのか，その具体的な実践的体系論のイメージがつぎつぎとわき上がり，現場の活動における迷いを払拭することができたのである。

2）技術とコーディネーションの関係

　それでは，ハルトマン博士による説明（表1）をもとに，スポーツにおける技術とコーディネーションの関係性について，両者の対比という観点から，それぞれのもつ特性や共通点について見ていくことにしよう。

①技術とコーディネーションの共通点

　技術とコーディネーションの共通点としては，両者ともに，脳神経系のルートを通る，情報系のはたらきによってコントロールされるということである。

　いずれも遺伝性はきわめて低いことから，天性の才能によるものではない。そのため，動きやテクニックを身につけるための反復練習を徹底して繰り返し，さらにトレーニングを継続して行うことによって，本人の努力次第で，いかようにも上達させることができるという仕組みである。

②技術とコーディネーションの相違点

　両者の相違点について述べる前に，まずはそれぞれのトレーニングの特性を明確にしておく

ことにしよう。技術トレーニング，すなわち技を習得するためのトレーニングでは，実施される運動は1つ，というのが原則である。たとえばインステップキックのテクニックを身につけるためには，足の甲でボールを蹴るという動きを，何度も繰り返し行う反復練習が必要となる。これにより，スポーツにおける課題解決のための手段であるテクニックの習得がはかられる。

　一方，コーディネーションを高めるトレーニングでは，技術トレーニングのように，同じ動きをパターン化して繰り返すのではなく，動きの内容や設定をつぎつぎと変えたり，難易度に変化を加えながら，多様なコーディネーション刺激を与えていく。つまりコーディネーショントレーニングでは，「動きのバリエーション」や「状況の変化」が大きな意味をもつのである。加えて，同時にいくつもの課題を並行して行いながら，うまくやってのける同時並行処理能力（デュアルタスク，またはマルチタスキング）も高めることができるのである。

③技術とコーディネーションの相互関係

　それでは，スポーツの技術とコーディネーションの相互関係についてはどうだろうか。「走る・跳ぶ・投げる」などの基本的な動き，あるいは「スポーツの技術を身につけること（運動学習）」，または「コーディネーション能力がどこまで高められているか」という両者のあいだには，非常に密接な関係があるとされている。コーディネーションに秀でた選手ほど，新たに学ぼうとする動きや，専門種目におけるさまざまなテクニックを，より短期間のうちに，なおかつ効率よく習得することが可能となる（前提条件機能）。

　さらには，トレーニングの副次的な効果として，種目専門の技術トレーニングによって，その種目で必須となる専門的なコーディネーションのレベルをも同時に高めることができるというのである（副次効果的機能）。

　もちろん両者ともに，知覚や神経系のはたらきが大きく関与する情報系のはたらきによってコントロールされていることから，トレーニングに際しては肉体的にも精神的にも，つねにフレッシュな状態で行うのが望ましい。

ここがポイント！　【技術の運動学的解説】

　サッカーで用いられるインステップキックやインサイドキックは，ほとんどの場合において「技術」と表現されているが，それらはさまざまな課題解決の仕方としての「行動技術」のことであり，本来の運動学的な意味での「運動技術（独：Bewegungstechnik（ベヴェーグウングステヒニーク）」とは，厳密には区別されるのである。

　運動を上手に行うための公共的な「コツ」のことを，専門的に「運動技術」と呼び，それを抜きにしては運動は成立しないという性質をもっている。つまり技術とは，具体的な身体操作の方法のことであり，どんな技のなかにも，それぞれいくつかの技術ポイントが存在す

るというわけである。

　たとえばサッカーにおいてもっとも重要な技の1つであるキック，そのなかでも，シュート場面で用いられるインステップキックを例に取り出してみよう。

　インステップキックを身につけるためには，足の甲の部分でしっかりとボールの芯をとらえる，インパクト技術の習得がなによりも欠かせない。つまり，何度も繰り返し繰り返し，足の甲の部分でボールの芯をとらえながら蹴る動作を反復することによって，少しずつボール・フィーリング感覚が養われた結果，インパクト技術の習得により，ねらったところへ意のままにボールを蹴ることが可能となっていくのである。

　あらゆる技において，そうした技術ポイントが，2つあるいは3つほど内在しているわけだが，この技術ポイントを用いてはじめて，技が成立するのである。

　このように2つ，ないしは3つの運動技術が，実際の動きのなかで発現されたもののことを，ドイツ語では "Fertigkeit（フェアティヒカイト）" と呼び，日本語では技能（スキル）あるいは習熟と呼んでいる。

　スポーツ現場においては，技能（スキル）トレーニングよりも技術トレーニングのほうがより幅広く市民権を得ていることから，本書では技能（スキル）トレーニングではなく，技術（テクニカル）トレーニングの表記を用いることにした。

｜2｜技術・コーディネーショントレーニング

　われわれが運動を行う際には，つねにあらゆるコーディネーション能力が関与しているのは言うまでもないが，最初のステップとしては，コーディネーション能力をはじめとする運動能力の基礎を養いつつも，一方で技術トレーニングによって，専門種目のテクニックの習得をめざすことから始めるのがよい。次の段階としては，おのおののトレーニングのなかに，技術トレーニングの要素とコーディネーショントレーニングの要素を，うまくミックスして行うことで，それぞれの競技ごとに必須とされる専門的な技能（スキル），あるいはコーディネーション能力を，より最適に高めることが可能になるのである（Neumeier, 1999）。

　トレーニングに際しては，すでに説明したスポーツのテクニックとコーディネーションの共通点，相違点，および相互関係をふまえたうえで，以下のステップに従い，実践をすすめていくことになる。

◆ステップ1◆ 　AとBをそれぞれ個別のトレーニングとして実施する

A：できる運動を組み合わせて，たとえば「オニごっこ」や「縄跳び」などを行い，各コーディネーション・ファクターを養う。

B：技術トレーニングを徹底して行い，各スポーツ種目で必要とされるテクニック（技）の獲得に力を注ぐ。

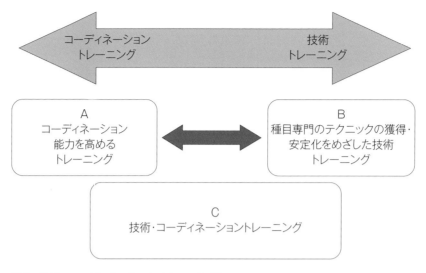

図4：技術・コーディネーショントレーニング
Rostock & Zimmermann, 1997をもとに筆者改変)

ステップ2 AとBの要素を組み合わせたトレーニング

C：一方のボールを手でドリブルしながら，同時にもう一方のボールを脚でドリブルしながら進むというように，テクニカルな要素を含んだコーディネーショントレーニングを行う。これにより，以下のような種々のトレーニング効果が得られる。

- コーディネーションレベルをさらに向上させる
- 球技種目では，とりわけ重要なボール感覚を向上させる
- 身につけた技をより高いレベルへと洗練させる（ブラッシュアップ効果）
- 多彩な動きのなかで，より正確にテクニックを発揮する

さて，**図4**のCである，技術とコーディネーションの要素をミックスした技術・コーディネーショントレーニングを行う際に注意しておきたいポイントは，次の2点である。

①トレーニングで用いるテクニックは，すでに「習得済み」であること
②テクニックの熟練度（習熟度合い）は，少なくとも「できる状態」にあること

テクニックが完全に身についていない場合，あるいはうまくいったりいかなかったりという荒削りな状態では，技（テクニック）を発揮することばかりに意識を向けることで精いっぱいになってしまう。たとえば，「ボールを上に投げているあいだに，すばやく前転し，ふたたび起き上がってボールをキャッチする」というエクササイズを行う場合に，前転がまったくできないか，あるいは3回に1回くらいは成功する，という状態では，前転を成功させることに精いっぱいになってしまうため，周囲の状況に意識を向けるのは困難となる。結果として，前転

からふたたび起き上がってボールをキャッチするという本来の目的を達成することができず，せっかくのコーディネーション的な負荷（目や耳などを刺激するような情報刺激）が，ほとんど意味をなさなくなってしまうのである。

　したがって，この場合に必要なのは，前転の技術を獲得するための技術トレーニングを繰り返し徹底して行うことである。

👆 ここがポイント！ 【トレーニング実施に際してのステアリング方法】

　コーディネーショントレーニングを実践するにあたり，最適なコーディネーションの負荷を設定する必要がある。もちろん，選手個々で個人差はあるものの，実施している課題が"できそうでできない"，あるいは"なんとかできる"というのが，最適なコーディネーション負荷（難度）が設定された状態にあると言える。

簡単

相手が投げたボールをフープに通す

レベル**1** ボールが地面に落ちる前にフープに通す

レベル**2** ①目を閉じて　②投げるときに合図を出す　ハイッ!!　③合図で目を開けてボールを探してフープに通す

レベル**3** ボールが落ちてくるところを予想してフープを置く

難しい

その他にも…
○相手との距離を広げて
○高く投げ上げて　○バウンドさせて

【ステアリングのコツ】
　実践中の課題（図の中段）がまったくできずに難しい場合には，難度をワンランク下げた内容に変更する（レベルダウン）。その一方で，実施中の課題が上手に繰り返しできる場合には，内容を変化させ，より難しい課題に挑戦する（レベルアップ）。

コーディネーショントレーニングはテクニカル（技術）トレーニングのように，できる動きを何度も繰り返し行うことを目的としたものではない。目の前の課題ができるようになったら，内容をつぎつぎと変化させ，難度を上げていく。

　そうして，"できそうでできない"，または"なんとかできる"という状態を常に経験しつづけることで，情報処理の回路を徹底的に磨き上げ，コーディネーションのレベルをさらに高い水準へと引き上げていくのである（**下図**を参照）。

　一方，テクニカルトレーニングの目的は，何度も繰り返し反復することにより，身につけたテクニックをブラッシュアップさせつづけ，いついかなる状況においても発揮できるようにすることであり，動きの自動化とよばれる段階が最終的な到達点となる。

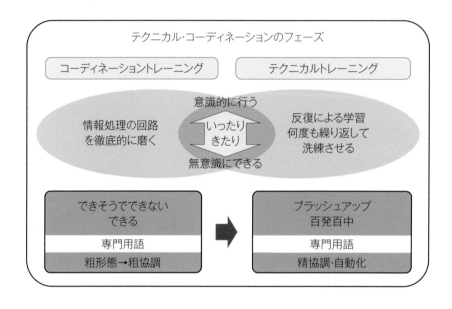

1）サッカーにおけるテクニック（技）の価値について

　サッカーという球技種目では，ボールを蹴るために必要となるインステップキックやインサイドキックというもっとも基本的なテクニックでさえ，選手みずからの自然習得による場合が多い。またエクササイズに関しても，すでにある程度蹴ることができるようになったあとの発展ドリルがほとんどであると言ってよい。

　つまりキックの技術を自然に身につけて上達してしまう選手がいる一方で，うまくいかない選手のための段階的な上達ドリルは，残念ながらサッカー競技においては，そう多くは見られない。むしろ不足しているのが現状ではないだろうか。

　たとえば，インステップキックの際に主要となるボールへのインパクト技術を向上させるためのドリル，なかでもボールへのインパクト感覚を効率よく養うような系統だったエクササイズが，本来はもっとたくさんあってもいいはずである。

ただ難しいのは，サッカーをはじめ，ハンドボールやバスケットボールといった，敵味方入り乱れて行う球技系の種目では，たとえ豪快なシュートが打てたとしても，また見ている者を魅了するような華麗なパスを出せたとしても，それが最終的にゴールネットを揺らさなければ，または味方選手へと確実にパスが通らなければ，実際のゲームではまったく意味をなさなくなってしまう。これが，体操競技や新体操など，採点型の競技と比べた場合に，技の良し悪しを評価し，判断するための価値基準が大きく異なる点であろう。

　無論，テクニックとコーディネーションの要素を組み合わせたエクササイズを効果的に行うためには，指導者やコーチ自身が，どのような道をたどって技が上達していくのかをきちんと理解しておく必要がある。そればかりか，選手個々のテクニカルのレベル（技術レベル）を見抜く資質，すなわち運動観察眼は，指導者としてきわめて重要な意味をもつことになるのである。

　つまり選手1人1人の技の熟練度が，一体どの段階にあるのかを瞬時に把握することができれば，そのつど，できる動きやテクニックをうまく組み合わせながら，適切な負荷コントロールによって，コーディネーションの要素とテクニカルな要素をミックスしたトレーニングを実現させることができるというわけである。

　以上をふまえたうえで，スポーツ指導者として押さえておきたい重要テーマである，「運動観察眼」と「運動の上達・学習プロセス」を説明して，運動の技術論の終わりとしたい。

2) 運動観察眼 その1：動きの質を把握する

　19世紀以降における人間の運動分析では，精密科学的な分析研究という名のもとに，運動を定量化（数値化）するためにかずかずの測定法が開発され，分析内容の客観性が追求されてきた。さらに近年における科学技術の急速な発展にともない，コンピュータやビデオ機器を駆使した，高度な科学的分析が可能となってきたことも確かである。そうした潮流のなかで，精密な測定による定量的分析に対して疑問を投げかけたのが，旧東ドイツでバイブルとまで謳われた『マイネル・スポーツ運動学』の著者クルト・マイネルである。

　マイネルは，運動の「定量化」に対する「定性化」，すなわち，リズムのよさとか，流れるような美しさといった，運動の質を把握することの大切さを指摘しながら，現場の教師や指導者たちは，そうした運動の質的な部分を見抜き，動きを修正・改善しなければならないと述べ，運動の質にまつわる独自の理論を展開した。その理論体系，および内容やコンセプトは，60年が経過しているにもかかわらず，いまだに古さを感じさせない。

　ところで，コーディネーションのメカニズムを探ってみると，外界から得られたさまざまな情報をもとに，脳内でみずからの体の動きを調整し，コーディネートしている部分，つまり情報処理プロセスにゆきつくわけである。もちろん，こうした情報能力の優劣こそが，動きの質を左右することになる。すでに何度も説明したように，コーディネーションの優劣を決定づける脳内の運動を制御・調整するプロセスでは，眼や耳など体外の情報を脳に伝えると，その情報を受け取った脳はただちに情報を認識し，次にどう動くのかを判断して，脳から全身の筋肉

へと運動の指令が下される。その間，脳内では複雑な情報処理が超高速スピードで行われているのだが，たとえば察知した情報にもとづいて距離感を正確に分析・把握したり，力の入れ具合を調節するといった，脳内の情報処理にかかわる能力が向上することによって，体の動きを上手にコーディネートできるようになる。結果として，リズムや正確さ，あるいはなめらかさといった，動きの質として表されることになるのである。

　しかし，バイオメカニクス的な，あるいは定量的な分析によって動きの質を一体どこまで把握することができるのかというと，それは非常に困難であり，限界があるというのが実情ではないだろうか。そうするとやはり，運動を質的に把握するための眼というものが必要になる。専門的には「運動観察眼」と呼ばれるのだが，普段から生きた運動とかかわり合いをもつ現場の指導者は，当然のことながら運動を見抜くための目，すなわち「眼力」を養っておかなければならない。

3）運動観察眼　その2：動きの違いを見分けるには？

　教育学者の齋藤孝氏（明治大学教授）は，テレビ東京系列の番組「なんでも鑑定団」を例に挙げ，次のように記している。

> 　鑑定士には，本物の眼力が求められる。根拠を示し，相手に納得してもらう必要もある。知識と経験と感覚がものをいう，いかにもプロらしい仕事だ。「なるほど，プロの鑑定士は，そういうところに目をつけるものなのか」，と関心する。漠然と見ているのではなく，きちんと「目の付け所」を持っているのだ。眼力は，直感力と分析力の両方が組み合わされたときに強力なパワーを発揮する。木を見て森を見ず，ではなくて，木を見つつ森を見，森を見つつ木を見るのである。

　この一文は，運動を見抜くための眼について考えるうえでも，じつに多くのヒントを与えてくれている。つまり，宝石や骨董品の鑑定士と同じように，スポーツの指導者であれば，運動を見抜くのに必要な「眼力」を身につけておく必要がある。またそのためには，ただ漠然と眺めるだけではなく，「目のつけどころ」＝ある問題意識をもって観察することも大切であろう。「木を見つつ森を見，森を見つつ木を見る」というのも，たとえば腕の動きや肘の使い方など，こまかい部分を見ていきながら，たえず体全体の動きも同時にとらえつつ，運動の経過を追っていく必要があるということである。

　そのほかにも，「直感力と分析力」というのも非常に興味深いキーワードである。残念なことに，自然科学的な分析研究においては，「直感」というものは主観的なものであり，非科学的であるとして排除される傾向にある。しかしながら，たとえば宝石や骨董品の鑑定士が真贋を見きわめる際に，「直感力と分析力」を駆使していることはまぎれもない事実であろうし，それこそがまさに，専門家の眼（まなこ）を支える源泉ではないだろうか。ただ，ここで言う直感というのは，いわゆる第六感とか，動物的な勘などを指しているのではない。そうではな

くて，ベルグソンの研究者として著名な澤瀉久敬氏が「自分自身そのものになり切って，そのものを内から実感することが sympathy（シンパシー）であり，直感です。それはちょうど，マラソンをしている人の走って行くのを，道路に立って眺めることではなく，みずから選手となって走りながら，その動きを実感することです」と述べているように，対象と自分とを1つにし，共鳴，あるいは共感することを「直感」と定義するほうがふさわしいであろう。

　そうして直感をはたらかせ，選手あるいは他者の運動にもぐり込み，共感しながら動きを観察していく際に大切なのは，運動のプロセスがいかに見抜けるかということである。もっと言うと，運動の結果だけを見て褒めたりしているうちは，運動経過に潜む欠点を見つけ出し，修正することはできない。たとえばゴルフのティーショットの際に，「ナイスショット！」という声を聞くことがよくあるが，ゴルフの専門家やプロゴルファーであれば，これは「ナイス，スウィング！」となる。つまり，運動を見抜く際には，注意を運動の結果ではなく，もっぱらその経過に向けておくことが大切なのである。

4）運動観察眼 その3：動きの違いを見分けるポイント

　動きの違いを見抜く視点というのは，種目の枠を飛び越え，あらゆるスポーツの動きを観察する場合に，十分応用可能であることは言うまでもない。実際に運動の質を見ていく場合には，まずは大まかに分けて次の2つの視点で見ていくことになる。

　　　①まとまり具合や正確さなど運動の外的な経過（フォーム）に関わる質
　　　②リズムやなめらかさ，タイミングといった力動（力の流れ）に関わる質

　以上の視点から運動を観察することにより，ただ漠然と眺めていたときに比べて，はるかに上手に運動を見抜くことができるようになる。なお，運動のコーディネーションを見る際に，とりわけ重要なポイントとしては，「リズム」が挙げられる。ここで言うリズムとは，専門的には「緊張と解緊のなめらかな交代」と表現されるのだが，わかりやすく言えば「力の抜きと入れが交互にやってくる」ということである。

　たとえば，初心者の運動を観察してみると，多くの場合が緊張の連続である。俗に言う「力む」というのがそれに当たるが，手，腕，肩，膝，胸など全身に力が入りっぱなしのことがよくある。だから初心者の運動はリズミカルでない場合が多いし，エネルギーを早く消耗してしまう。もちろん多かれ少なかれ一定程度は力の抜き入れは起こるわけだから，初心者にもリズムはある。しかし，一流選手の動きに見られるような「抜群のリズム感」というフィルターを通して見ると，フォーム（形）はいいのに，どことなくぎこちなかったり，あるいは力の抜き入れのタイミングがおかしい場合があったりする。

　一方，トップ選手たちの動きはと言えば，普段はゆるゆるに緩んでいて，肝心かなめなところだけに力が入れられている。たとえば，サッカーのキックで言えば，ボールへのインパクトの瞬間に向かって，ぐんとエネルギーが集約されていくのである。

以上，運動を見るということについて述べてきたが，このテーマはじつに奥深いものであり，指導者にとっては大変重要なファクターでもある。いずれにしても，現場のコーチや指導者にとって，運動観察能力というのは必要不可欠な資質の1つであろうし，運動を見抜く眼は，たえず訓練しておくべきなのである。そうであるがゆえに，選手たちの運動の欠点を瞬時に見抜き，さらに修正していくことが可能になるのであろうし，「できないことをできるようにさせる」という具合に，結果的には成功へと導くことにもつながっていく。まさにそれこそが，「よく見える人が，よく教えられる人」と言われるゆえんなのではないだろうか。

5）運動の上達・学習プロセス

運動が上達していくプロセスは，専門的には「運動学習の位相論」と呼ばれるのだが，以下のように3つの過程を経ていくことになる。

ステップ1：粗形態の発生（初めてできた段階）
そ けいたい

ステップ2：精形態の発生と定着（荒削りな段階から洗練された動きへ）
せいけいたい

ステップ3：運動の自動化（上級者への最終ステップ）

ステップ1 「粗形態の発生」（初めてできた段階）

ある運動を何度も繰り返し練習するうちに，「できた！」というときがやってくる。これが俗に言う「まぐれの一発」と呼ばれるものである。しかし，まぐれであるがゆえに，欠点だらけで動きもなんとなくぎこちない。いずれにしても，このどうにかできたという段階が「粗形態の発生」である。

その後，まぐれでできていたものが，だんだんと成功率が高くなっていく。しかし，できる状態が安定してきたとはいえ，まだまだ欠点だらけで，動きもなんとなくぎこちない。こうした「粗形態の定着」という段階に満足し，長く居座りつづけてしまっては，さらなる上達は望めないので気をつける必要がある。

ステップ2 「精形態の発生と定着」（荒削りな段階から洗練された動きへ）

みずからの動きを洗練させようと練習に励むうちに，少しずつ欠点がなくなっていき，スムーズでなめらかに動けるときがやってくる。それが「精形態の発生」である。この段階もまた，粗形態が発生したときと同様に，何度も反復練習を行っていくうちに，洗練された動きがいつでもできるようになってくる。この「精形態定着の段階」にきたということは，一流選手のすぐ一歩手前まできたという証である。

〈精協調の特徴〉（『漫画 スポーツ上達の基礎理論』p.125より引用）
・無駄な動きがとれ，すっきりしたフォームになる

- 動きのぎこちなさや，角ばりがとれ，なめらかで，リズミカルな動きになる
- 大切なポイントに力が集中し，あとはリラックスしているので，疲れなくなる

ステップ3 「運動の自動化」（上級者への最終ステップ）

　最後は，スポーツ上達の最終目標である「運動の自動化」の段階である。一流スポーツ選手の動きというのは，非常に洗練されていて無駄がなく，とてもエレガントである。そしてどんなときでも自由自在に，みずからの思いどおりにプレーすることができる。「雨にも負けず，風にも負けず」ではないが，天候やグラウンドコンディションなど環境の変化，あるいはさまざまな精神的プレッシャーをもろともせず，普段どおりの動きができるのである。

＊本節の２），３），４）項の内容は，2004年の後期に行われた白石豊教授（福島大学）の授業「スポーツ運動学」を受講した際にまとめたノートの内容をもとに，筆者が加筆・修正を行ったものである。

引用・参考文献

・ペーター・シュライナー. 白石豊・泉原嘉郎訳（2002）. サッカーのコーディネーショントレーニング. 大修館書店.
・白石豊（1997）. 運動神経がよくなる本――あきらめるのはまだ早い. 光文社.
・白石豊編（1988）. 漫画 スポーツ上達の基礎理論. 自由現代社.
・豊田太郎（2013）. コーディネーショントレーニング入門第一回. Digital Penta（スポーツも色づく秋/2013.09. No.77）.
・マッシモ・ネーリ. 片野道郎訳（2001）. サッカー批評. Sports Graphic Number PLUS.
・ハルトマン（2003）. ライプツィヒ大学冬期ゼメスター「運動学（Sportmotorik）」講義資料.
・クルト・マイネル. 金子明友訳（1981）. マイネル・スポーツ運動学. 大修館書店.
・Hartmann C., Minow H. -J. & Senf G.（2010）. Sportverstehen–Sport erleben. Lehmanns Media.
・Minow Hans-Joachim（2002）. In : Sport verstehen Sport treiben.Lehmanns Media.
・Rostock J. & Zimmermann K.（1997）. Koordinationstraining zwischen Generalität und Spezifität. Leistungssport, 4, S. 28-30.
・Weineck（2002）. Optimales Training. Spitta Verlag.

　私が, 2013年４月に福岡大学スポーツ科学部に赴任して以来, 乾真寛監督（福岡大学教授）率いるサッカー部の選手たちに, コーディネーショントレーニングを継続的に実施して７年が過ぎようとしている。

　トレーニング参加を希望する選手のほとんどが, 将来プロのサッカー選手になりたいという熱い思いを胸に秘めており, これまでにも多くの選手たちがＪリーグをはじめとするプロサッカーの世界へ巣立っていく様子を見守ってきた。

　コーディネーショントレーニングを開始した2013年当初, セッションに集まってきたのは, 平均身長が185cmを超える大型選手たちであった。

　乾監督より, 「身長185cmを超える大型サッカー選手たちが, すばやく巧みに, なおかつダイナミックに動けるようになってほしい」とのリクエストをいただいた私は, 2013年当時, 福岡大学スポーツ科学部に教員として在籍していた石塚利光氏（日本コアコンディショニング協会ディレクター）や, 満石寿氏（京都先端科学大学准教授）とともに研究プロジェクトを立ち上げ, 実践研究をすすめた。

　本コラムでは, 福岡大学サッカー部の選手たちと実施した実践研究によって得られた最新の成果をご紹介したい。

研究事例１　スピード・コーディネーショントレーニング（2013年実施）

　ランニングの加速力, および減速力を向上させ, さらにすばやい方向転換動作を獲得させることをねらいとして, 以下の内容を主軸に, 週１回の頻度で２カ月間, スピード・コーディネーショントレーニングを実施した。

【主なトレーニング項目】
• 股関節の柔軟性を高めるトレーニング
• ランニングコーディネーショントレーニング（フットワーク向上）
• 情報系スピードトレーニング（認知・反応スピードの向上）
• バランス力を高めるトレーニング

　トレーニングの前後における, 加速・減速・方向転換の向上具合をチェックするために, 「３コーンドリル・テスト（別名Ｌテスト）」を用いて測定を実施した（**図１**）。

　研究実験により, 加速・減速・方向転換の動作スピードが明らかに向上する結果が得られた（**図２**）。

　とりわけ方向転換動作に関しては, 膝関節や股関節を深く屈曲させ, 同時に重心をうまく

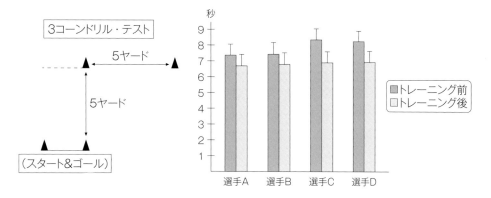

図1：3コーンドリル・テスト　　　図2：テスト結果

下げながらのターン動作が顕著に上達したこと，さらには地面からの反力をより効果的に得ることができるようになったことなどが，ランニングパフォーマンス向上に大きくつながったものと考える。

研究事例2　バランス・コーディネーショントレーニング（2014年実施）

　大学生年代におけるバランストレーニングの短・中期的な効果を明らかにするために，大学生サッカー選手8名（平均身長181cm）を対象に，週1回（毎回45分程度）のペースでバランス系コーディネーショントレーニングを4週間連続して行った。バランス力の測定には，Fleischmann（*注1）によって開発された「閉眼片足立ちT字バランステスト」を使用した。

　研究を実施した時期がシーズン中（試合期）であったことから，選手たちを2つのグループ（トレーニング有／トレーニング無）に分けて比較することが困難であったため，クロスオーバー法の単一モデル（片側）を用いるかたちで，バランストレーニングを実施した期間と実施しなかった期間をそれぞれ比較することにより，バランスパフォーマンスの発揮にどのような違いが見られるのかを，反復分散分析の手法により検証した（*注2）。

【バランストレーニングの内容】

・バランスボールを用いたトレーニング

・平均台を用いたトレーニング

・ストレッチポールを用いたトレーニング

（いずれもボール有／ボール無の両パターンで，静的および動的バランストレーニングを実施）

　結果として，4週間にわたる専門的なバランストレーニングの実施により，左右両足ともに，トレーニングを実施した期間のあとのバランスパフォーマンス向上が確認された（**図3，図4**を参照）。一方で，トレーニングを実施しなかった期間のあとでバランス力を計測した結果，左右両足ともにバランス・パフォーマンスの低下が確認された。

写真：バランストレーニングの様子

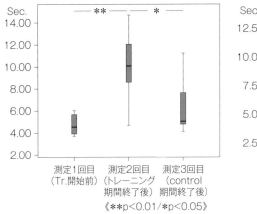

図３：測定結果の比較（左足）

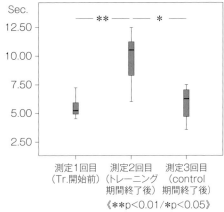

図４：測定結果の比較（右足）

　この事例により，18歳以降の大学生年代においても，バランスパフォーマンスのトレーナビリティ（発達可能性）が十二分に存在している可能性が高いことが明示された。

　コーディネーションパフォーマンスの発達という視点においては，バランス能力は12歳までの時期に急激な発達が見られる一方で，14歳以降は男女ともに横ばいの状態がつづく（*注３）とされている。したがって，従来におけるバランストレーニングの最適期であるキッズ・ジュニア年代における取り組みが重要であることは言うまでもないが，本研究の結果により，大学生年代においても，バランストレーニングを専門的かつ継続的に行うことは非常に重要だと考える。

研究事例3　メンタル・コーディネーショントレーニング（2015年実施）

　健康の維持・増進を目的とした一過性の運動がメンタルヘルスの改善に役立つことは，多くの研究によって示されている。たとえば，エアロバイクやウォーキングなどの軽運動が，精神的な高揚感や落ち着きを与え，同時にネガティブな感情を減少させることがわかっている（*注4，注5）。

　一方で，エアロバイクやトレッドミル機材など，一般家庭における入手が容易になりつつあるとはいえ，費用や設置場所の問題などを考えると，ふだん運動に慣れ親しんでいるスポーツ選手であっても，手軽にかつ継続的な実施が普及しているとは言い難いのではないか。またウォーキングは，日常生活において，場所や時間帯の制約が少ないため，有効ではあるものの，天候などが継続的な実施を困難にしている要因になっていることも指摘されている（*注6）。

　そこで本研究では，著者と満石寿氏とともに作成・開発したお手玉コーディネーション運動プログラムである「センサリー・メソッド」（本書の第5章で紹介／p.153～157）の効果検証として，短時間で提供度の認知・情報系運動プログラムが，運動直後の心理的反応に及ぼす影響を明らかにする研究実験を行った（*注7）。

　結果として，お手玉コーディネーション運動を実施したグループのほうが，ウォーキング運動を行ったグループに比べ，抑うつ状態や疲労感の改善が確認されたほか，プログラム継続の3日目においては，混乱状態を改善させ，活気を取り戻すなどの効果が見られるなど，さまざまな興味深い結果を得ることができた。

　これにより，たとえばミスで落ち込んだ状態にある場合や，負けがつづいてチーム状態が沈んでいるとき，あるいは精神的に混乱したり疲労が蓄積しているといった問題をかかえているケースにおいて，高い効果を発揮できるといえよう。

---

*注1　Fleischman E. A（1964）．Structure and measurement of physical fitness. Prentice Halle : Engelwood Cliffs.

*注2　泉原嘉郎・乾真寛・満石寿・石塚利光（2017）．認知・情報系コーディネーショントレーニングが大学生サッカー選手のバランスパフォーマンスに及ぼす影響〜バランストレーニングの効果検証を中心として〜．福岡大学教職過程センター紀要創刊号．p.93-104.

*注3　Hirz P.（1979）．Schwerpunkte der koordinativ-motorischen Vervollkommnung von Kindern und Jugendlichen. Habilitationsschrift, Greiswald : Ernst-Moritz-Arndt-Universität.

*注4　荒井弘和・竹中晃二・岡浩一郎（2003）．一過性運動に用いる感情尺度―尺度の開発と運動時における感情の検討―健康心理学研究，16，p.1-10.

*注5　満石寿・藤澤雄太・前場康介・竹中晃二（2010）．日本語版MPSSの信頼性および妥当性の検討．禁煙科学，4：p.1-6.

*注6 　竹中晃二・大場ゆかり・満石寿（2010）．運動実践者が一時的運動停止に導かれるハイリス
　　　ク状況とその対処の評価，体育学研究，55，p.157-168.

*注7 　泉原嘉郎・満石寿・石塚利光（2017）認知・情報系のお手玉運動プログラムが大学生サッカー
　　　選手の心理的反応に及ぼす影響〜 IMセンサリー・メソッドの実施による即時効果の検証〜．福
　　　岡大学教職過程センター紀要創刊号．p.81-92

第3章

コーディネーショントレーニングの実践的体系論

1.サッカーにおけるコーディネーショントレーニング体系

　本章では，年代別の方法論という視点を織り交ぜながら，サッカーにおけるコーディネーショントレーニングの体系について説明していくことにする。

　コーディネーショントレーニングと言えば，キッズやジュニア期を中心とした世代に実施するトレーニングとの認識が広く一般的であり，とりわけ日本においては，「動きのベースを養う」あるいは「技術やフィジカルの土台をつくり上げる」などのとらえ方が浸透しているように見受けられる。

　たしかに，あらゆる運動の要素と関わりをもつという点では，幼児期や少年期のコーディネーショントレーニングによって，そうした効果も合わせて得られるであろうが，正確には「幼少期における運動の発達を促し，体を思いどおりに動かしたり，動きや技を確実でスピーディーに会得するためのレディネス（前提条件）を築き上げる」という理解のほうがふさわしい。

　無論，コーディネーショントレーニングの役割は，**図1**に挙げたように，レベルや年齢に応じてさまざまに変化することになる。

　近年，コーディネーショントレーニングは「ウォーミングアップ」に用いられたり，「アイスブレイク」的な意味での活用が大半を占める傾向にあるが，より計画的かつ専門的にコーディネーション能力を高めるためには，フィジカルトレーニングや技術・戦術等のトレーニングと同様に，トレーニング全体のなかで，あくまでも独立したセッションの1つとして取り上げて行うことが必須となる。

　繰り返しになるが，コーディネーショントレーニングは，ジュニア選手の養成ばかりに必要なプログラムではない。それどころか，ボールを蹴り始めたキッズ世代から，プロや代表レベ

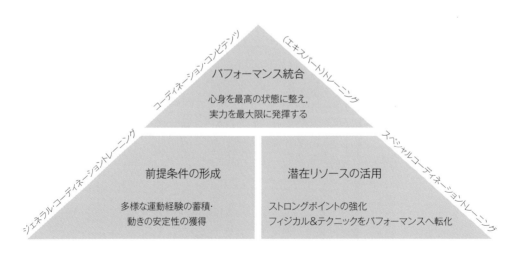

図1：コーディネーショントレーニングの役割

ルのトップ選手に至るまで，つねに継続的かつ計画的に行われるべきものなのである（シュライナー，2002）。

コーディネーショントレーニング体系の詳細については，**図2**をご覧いただくとして，ここでは「コーディネーショントレーニングの実践内容や方法論は，レベルや年齢に応じてさまざまに変化する」，この点をなによりも強調しておきたい。

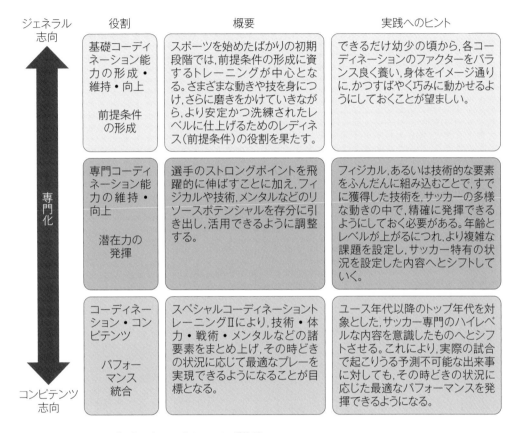

図2：サッカーのコーディネーショントレーニング体系

2.コーディネーショントレーニングの2ステップ

つづいて，**図1**で紹介した各トレーニング・ファクターについて，ステップに沿って順に述べていくことにする。

| 1 | ステップ1：ジェネラル・コーディネーショントレーニング

　ジェネラル・コーディネーショントレーニングの第1の目的は，動きやテクニックを身につけ向上させるための前提条件（レディネス）を形成することである。つまりコーディネーション能力が備わることによって，走る，跳ぶ，転がる，投げる，捕る，などさまざまな基本的運動や，スポーツ専門の技術をより短期間で効率よく獲得し，向上させることが可能となるのである。

　効果的なトレーニングの実現に向け，コーディネーショントレーニングの実施方法について，しっかりと熟知しておく必要があろう。まずは10項目からなるポイント（『Sport verstehen Sport treiben』（Hartmann, 2002）を引用・参考し，筆者改変）を挙げたうえで，以下つづけて，具体例をまじえながら順に解説していくことにする。その際，トレーニングを実施するうえで必要となる各メソッドについても合わせて紹介する。

【コーディネーショントレーニング10のポイント】

1. まずもって，みずからの体を動かしながら行うエクササイズであること
2. できる動きやテクニックと組み合わせる
3. 目や耳など，五感をフルに刺激させる
4. あくまでもコーディネーション刺激がメインであること
5. 内容をつぎつぎと変化させる（バリエーション法）
6. 難易度をさまざまに変化させる（コントラスト法）
7. 簡単なものから難しいものへ，少しずつ難度を上げていく
8. 少なくとも週に1度，45分ほど行う
9. 心身ともにフレッシュな状態で行う
10. 種目専門の動きやテクニック，特有の状況などを，可能な限り組み込む

ポイント1　まずもって，みずからの体を動かしながら行うエクササイズであること

　コーディネーション能力の向上は，実際のスポーツ活動を通してのみ，実現可能なのである。この原則は，筋力，持久力，スピードあるいは可動性といった他のトレーニングにおいても同様である。

ポイント2　できる動きやテクニックと組み合わせる

　たとえば，「平均台の上でバランスをとりながら，チームメイトが投げたボールをヘディングで返す」という技術コーディネーション・エクササイズを行う際に，ヘディングのテクニックがまだ身についていなかったり，あるいはできたりできなかったりする，という状態では，

ヘディングをやり遂げることばかりに意識が向けられてしまう。そのため，本来の目的である
コーディネーション的な負荷（この場合はバランス刺激）がほとんど与えられることなく，結
局は目の前の課題を達成できないまま，トレーニングの本来の目的を損なってしまうことにな
る。したがって，組み合わせるテクニックの習熟レベルは，少なくとも洗練された状態にある
ことが望ましい。

ポイント3　目や耳など，五感をフルに刺激させる

　そのためには，各感覚器官のはたらきを洗練させる必要がある。具体的には，**表1**（各コー
ディネーション・ファクターに対応する感覚器官），および**表2**（各感覚器官を刺激するための
具体的方法）が挙げられる。

ポイント4　あくまでもコーディネーション刺激がメインであること

　スピードやパワートレーニングといったフィジカル的な要素を組み込む場合にも，コーディ
ネーション（情報系）の刺激がメインである必要がある。たとえば「平均台の上を歩きながら，
立った状態のままで体を3回転させる」あるいは「平均台の上を，ボールをハンドドリブルし
ながら進む」などの課題では，バランスのほかにも，グレーディングやコンビネーションなど，
いくつかのファクターが複合的に要求されることになるが，あくまでも主な目的は，バランス
能力を高めることにつきる。

　したがって，トレーニングの難度を上げる場合には，「平均台をより高くする」「幅を狭める」
「角度をつける」というように，バランスというファクターに焦点をしぼり，そのプレッシャー
レベルをさまざまに変化させるのである。

表1：各コーディネーションファクターに対応する感覚器官

各コーディネーションファクター	刺激される感覚器官
スペーシング（定位）	主に視覚
グレーディング（分化）	筋感覚
タイミング（リズム化）	聴覚＋視覚，筋感覚
バランス（平衡）	平衡覚，筋感覚，触覚，視覚
リアクション（反応）	視覚，聴覚
コネクション（連結・結合）	筋感覚，視覚
トランジッション（変換）	視覚，聴覚，筋感覚，触覚

表2：各感覚器官を刺激するための具体的方法

視覚	・聴覚情報を一時的にシャットアウトする
	・視覚情報（シグナル）に反応して動く
聴覚	・方向性という要素を加える（例：コーチが1とコールしたら右へ，2とコールしたら左へ走る，など）
	・音に反応して動く（例：笛の合図でスタート）
	・アイマスクやサングラスを用いたり，あるいは照明を暗くして視覚情報を一時的にシャットアウトする（聴覚情報に意識を集中させる）
触覚	・さまざまな用具を使う
	・視覚情報を一時的にシャットアウトする（触覚情報に意識を集中させる）
筋感覚	・刺激の強度を高める，あるいは軽減させる（例：さまざまに異なる重さのボールを使う）
	・視覚情報を少しずつカットしていく
	・運動がイメージ通りに遂行されたかどうかのフィードバックを，選手自身に意識的に行わせる
平衡覚（バランス）	・前庭器官を刺激したあとで，さまざまな課題をこなす（例：前転を連続3回行ったあとにシュートする）
	・視覚情報に制限を加える，または完全にシャットアウトした状態でバランスをとる
	・平均台やバランスボードの高さを変えたり，足が触れる部分の幅を狭めたりする

ポイント5　内容をつぎつぎと変化させる（バリエーション法）

　これは技術トレーニングの方法論と決定的に異なる点であるが，コーディネーショントレーニングは，テクニックを獲得し，さらにその習熟度合いを高めることをねらいとする技術トレーニングのように，同じ動きを何度も繰り返し行うことを目的としたものではない。すなわち，「動きのバリエーション」が主なキーワードになるのだが，つぎつぎと動きや課題の内容をチェンジさせることで，選手はみずからのコーディネーションを最大限に発揮しながら，目まぐるしい状況の変化に，うまく順応していかなければならないのである。

ポイント6　難易度をさまざまに変化させる（コントラスト法）

　サッカーで言えば，大きさや重さの異なるボールを用いることで，難易度にバリエーションをもたせることができる。たとえばリフティングの際に，バレーボール→サッカーボール→テニスボールと変えることで，選手はそのつど，ボールの種類に応じて力の入れ具合を精妙に調節する必要が生じる。これによりパスやシュートで必要とされる，キックの際の力加減を，巧みにコントロールすることができるようになる。

簡単なものから難しいものへ，少しずつ難度を上げていく

　コーディネーションの難易度，またはプレッシャーレベル（状況または動きの複雑さ，時間・空間プレッシャーなど）を少しずつ高めていくことで，コーディネーショントレーニングの効果が最大限に発揮される。実施中のエクササイズが「できそうでできない」「あともう少しでできそうだ」あるいは「なんとかできる」という状態が，最適なコーディネーションの負荷がかけられていることを示す。この場合，次回のトレーニングで難易度を上げることで，情報処理のレベルをさらに高い水準へと引き上げ，発展させることが可能となる。したがって，毎回同じ内容，同じレベルのエクササイズを行うなどのルーティーンは，極力避けるようにする。

ポイント8 **少なくとも週に1度，45分ほど行う**

　筋力や持久力の養成をねらいとする体力トレーニング，あるいは技術トレーニングなどのセクションの一部として行うのではなく，トレーニング全体のなかであくまでも独立したセクションの1つとして，コーディネーショントレーニングを設けることが望ましい。とりわけ，キッズ・ジュニア年代においてはコーディネーショントレーニングの継続時間が45分を超えてしまうと，集中力を維持させることが非常に難しくなってしまうため，ミスが多くなる。したがって，継続時間は，長くても30分から45分までとする（U-18およびトッププロ年代においては，その限りではない）。

ポイント9 **心身ともにフレッシュな状態で行う**

　心身ともにフレッシュな状態で行うことによって，コーディネーショントレーニングの最大効果が得られる。そのため，持久力トレーニングや筋力トレーニングを行った直後のように，心身ともに疲労困憊した状態で行うことは極力避けるようにする。

　これはスピードトレーニングにも当てはまるのだが，とくにコーディネーショントレーニングの場合，神経系や知覚器官のはたらきが大きく関与しているため，精神・肉体的な疲労は，脳内の情報処理能力を極端に低下させる。結果として，集中力やイメージ力もダウンしてしまい，体を思いどおりに動かすことが困難になったり，たとえばキックやドリブル，シュートなどの技を正確に発揮することができなくなったりする。

　こうしたことから，コーディネーショントレーニングの実施は，トレーニング開始から40分くらいまでのあいだに行うことが望ましいのである。

ポイント10 **種目専門の動きやテクニック，特有の状況などを，可能な限り組み込む**

　これは，とくに選手のレベルが上がれば上がるほど重要な意味をもつことになる。たとえば，12歳くらいまでの期間は，あらゆるスポーツ種目で必要とされる，各コーディネーション・ファクターの養成に力が注がれるが，14〜15歳以降には，種目独自の専門性を取り入れたスペシャル・コーディネーショントレーニングへとシフトしていくことになる。たとえばジェネラル・コーディネーショントレーニングであれば，「バランスボードの上でうまくバランスをとる」

となるところが，サッカーの専門的を加味したスペシャル・コーディネーショントレーニングでは，「バランスボードに乗ってうまくバランスをとりながら，コーチが投げたボールをヘディングでリターンする」，というように，種目専門の要素をふんだんに取り入れていく。

👆 ここがポイント！【コーディネーショントレーニングの主要メソッド】

以下に，コーディネーショントレーニングにおける主要メソッドを紹介する。

《ゲーム法》

グリッドの中でオニごっこをしたり，実際のゲーム同様にゴールを用いたゲーム形式が中心となるこの方法では，状況の変化が重要なキーワードとなる。

《コンビネーション法》

いくつかの課題を同時に，あるいはつぎつぎと連続させて行う（例：平均台の上でバランスをとりながら，2つのボールをそれぞれの手でドリブルして進む）。

《バリエーション法》

スタート時の姿勢をさまざまに変化させたり（座る，うつぶせ，かがんだ状態からスタートなど），動きのスピードやリズムに変化をつけるなど，エクササイズの条件にバリエーションをもたせる。

《コントラスト法》

普段とは異なる大きさ，あるいは重さのボールを使用するというように，コントラスト（対照的）な刺激が与えられることによって，同じエクササイズでも難易度をさまざまに変化させることができる。

《オーバーポテンシャル法》

それぞれのスポーツ種目特有のコーディネーション・プレッシャーを明らかにしたうえで，種目の特性を考慮したコーディネーション・プレッシャー（五感への刺激とプレッシャー条件）を課しながら，選手に秘められたリソース・ポテンシャルを意図的に引き上げていく。

---

2 ステップ2：スペシャル・コーディネーショントレーニングⅠ

1）コーディネーション・プレッシャーというキーワード

私がドイツのスポーツ現場で，コーディネーションコーチとしての活動を始めた2003年，最初にトレーニングを担当したのは，ジュニア世代（9～12歳）のカテゴリーだった。時を

同じくして，コーディネーション理論発祥の地であるライプツィヒ大学で学ぶ機会を得ていたことは，すでに述べたとおりである。「現場と研究の場を右往左往する中で……」と言ってしまえば聞こえはよいが，その当時はわからないことだらけで，壁にぶつかることの繰り返しだった。そのため，暇さえあれば図書館にこもって文献を調べたり，ハルトマン博士のヒントからインスピレーションを得たりしながら，少しずつ前進していくことができたのである。

　その後シーズンを重ねるごとに，15 〜 19歳などのユース年代，あるいは女子トップチーム（ドイツ・ブンデスリーグ2部）など，上の世代のカテゴリーを担当していくなかで，1つの疑問が生じた。それは，「よりサッカー的な要素を組み込んだ，競技専門のコーディネーショントレーニングを，一体どのようにアレンジすればよいのだろうか？」というものである。

　あるとき偶然にも，ノイマイアーによって書かれた各スポーツ種目のコーディネーショントレーニングを解説した本に出会い，すぐさまページをめくってみた。すると，それまで見たことのなかったコーディネーショントレーニングの方程式（**図3**を参照）が目に入ってきて，興味を引かれた。

　さらに深く読みすすめてみると，アスリート向けと称された"コーディネーション・プレッシャー"という，新たなコンセプトが紹介されていた（「コーディネーション・プレッシャーとは，原書ではKoordinative Anforderung（独）と表記。日本語に直訳すると"コーディネーション要求"となるのだが，本書ではよりわかりやすくするために，「コーディネーション・プレッシャー」という語彙を用いることにした。情報（五感）の負荷，およびプレッシャー条件（正確性，複雑さ，時間，ゲーム状況，ストレス）の両者を総合的にまとめて，コーディネーション・プレッシャーと定義した）。

　さっそく現場のトレーニングに応用してみたところ，さまざまな発見が得られたばかりでなく，つぎつぎとアイデアが浮かんできた。現在でも，サッカー専門のコーディネーショントレーニングを思案する際には，この「コーディネーション・プレッシャー」という視点を用いたほうがしっくりくる場合も少なくない。また現場で選手たちと直に接していると，7つのコーディネーション・ファクターという視点では，説明に窮する現象が起こったりする場合もある。

　こうしたことから，アスリートとしてのベースを築き上げる12歳くらいまでのあいだには，各コーディネーション能力をそれぞれバランスよく養成したうえで，さらにそれ以降の年代においては，専門種目への応用という点において，コーディネーション・プレッシャーの視点を盛り込んだり，次項で紹介する「コーディネーション・コンピテンツトレーニング」など，さまざまな視点をミックスさせながら，多面的かつ包括的にトレーニングをマネージメントしていけばよいと考えている。

2）コーディネーション・プレッシャーコンセプトの仕組み

　実践的なゲームで要求されるコーディネーション・プレッシャーを分析・抽出し，それらを選手に突きつけるというのが，このコンセプトの主なねらいであり，**図3**の方程式にしたがってコーディネーショントレーニングが構成される。

　すなわち，「（A）できる動きやテクニックに，（B）情報の要求（目や耳など五感への刺激）

を加え，さらに（C）プレッシャー条件を組み合わせる」というように，コーディネーショントレーニングの場面をこまかく設定して，難度をさまざまに調節しながら，選手にコーディネーション・プレッシャーを突きつけるのである。

$$\overbrace{\begin{pmatrix} コーディネーション \\ トレーニング \end{pmatrix}}^{} = \overbrace{\begin{pmatrix} できる運動or技 \end{pmatrix}}^{A} + \overbrace{\begin{pmatrix} 情報の要求 \end{pmatrix}}^{B} + \overbrace{\begin{pmatrix} プレッシャー条件 \end{pmatrix}}^{C}$$

図3：コーディネーショントレーニングの方程式

A．走る，跳ぶ，投げる，捕る，など基本的な運動，あるいはスポーツ種目ごとの専門的なテクニック（いずれもできる状態にある＝習得済みであること）

B．情報の要求（五感への情報刺激）

　人間が運動を行う際，五感を通して得られた情報や刺激は，専門的には「求心性」と呼ばれる神経回路を伝いながら，脳の中の運動をコントロールする場所へと転送されることになる。つまり，それらの情報が複雑であるほど，情報を受け取った脳への負荷はより高いものとなる。ここでは，運動にまつわる情報刺激ということで，視覚，聴覚，触覚，筋感覚，平衡覚さらに運動をコーディネートする際にとりわけ重要となる，バランス感覚への要求が挙げられる。

C．プレッシャー条件の要求

　脳が情報を受け取ったら，つづいて情報を認識・判断し，さらに運動の指令を出すなど，脳内の情報処理プロセスがやってくる。つまり「プレッシャー条件」とは，この過程におけるコーディネーション的な負荷を具現化したものである。運動の質的な部分を左右するだけでなく，自信や集中力，イメージなど精神的なはたらきも含めて，運動がうまくいくかどうかの成否に直接影響を与えることになる，きわめて重要な要素であり，「正確性」「時間」「複雑性」「ゲーム状況」「ストレス」がこれにあたる（**図4**）。

3）コーディネーション・プレッシャーのコントロール

　"No pain, no gain（苦は楽の種）"という諺がある。スポーツのトレーニング風に言い換えるなら，"No stress, no gain（ノー・ストレス，ノー・ゲイン）"ということになるだろうか。つまり，選手自身がストレスの種である「負荷」や「プレッシャー」から逃げ，ぬるま湯につかってばかりいては，パフォーマンスの向上はあり得ない，というわけである。

　実際のトレーニングにおいて，心を鍛える場合には，選手の精神的な面に対してさまざまなプレッシャーをかけていくことになるし，また筋力を高める場合には，少しずつ重いバーベルに変えていく，などの方策が練られる。とはいえ，負荷強度が低すぎては，思うようなトレーニング効果を得ることができない。また一方で，オーバーストレス状態がつづいてしまうと，心身のバランスがくずれ，パフォーマンスの低下を招くことになる。

◇プレッシャー条件◇

時　間
相手選手からの激しいプレッシャーによって要求される, すばやい身体の動き(トップスピードでのドリブルやキック)

ストレス
- ミスへの不安や恐れなどによる精神的なストレス
- 疲労によって生じるフィジカル的なストレス

正確性
狭いスペースでのプレーに要求される, 適確なボールコントロールや, それを実現させるために必要な, 精妙な力加減の調節

ゲーム状況
- 状況が目まぐるしく変化する中で要求される瞬時の判断
- 味方や相手の位置をつねに確認しながら要求される, 適切なプレー

場面の複雑さ
- 同時にいくつもの動作が要求される(マルチタスキング)
- いくつものプレーを連続して行う(ダッシュ→ジャンプ→ヘディング)

図4：プレッシャー条件の種類

　これはあらゆるトレーニングにも当てはまることであるが, 最終的に得られるトレーニング成果が, 偶然に生み出されるものであってはならない。選手たちの実力に応じて, 適切な負荷コントロールがなされてこそ, 十分なトレーニング成果が得られるというわけである(Neumeier, 2002)。当然, コーディネーショントレーニングを行う場合にも, 最適な方法で負荷がコントロールされる必要があるのは言うまでもない。

　先に紹介したコーディネーショントレーニングの方程式(**図3**)にあるように, テクニックの種類(例:ヘディングやインサイドキック)を選定し, エクササイズの具体的な内容が決まったら, つづいて負荷強度をコントロールする段階へと移る。具体的には, **図5**にあるように, 各項目ごとに「低」と「高」のあいだのどこかにカーソルを定め, コーディネーション的負荷の強度や難度の設定を行う。このモデル(**図5**)は, シンセサイザーなどの楽器で, 音の信号の周波数を調整・変更するのに用いられる, 「イコライザー」という音響装置になぞらえたものである。これによって, 「五感への情報刺激」と「コーディネーションのプレッシャー条件」それぞれの負荷強度を微調整しながら, 適切な負荷コントロールを行うことで, トレーニングの質を最大限に高めるのがねらいである。

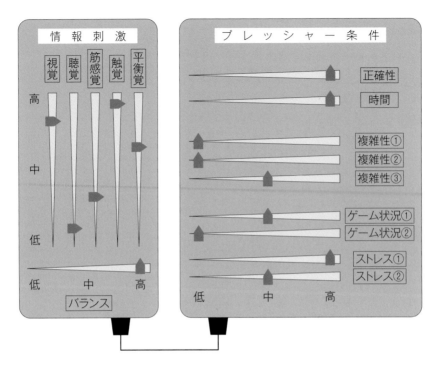

図5：コーディネーション・プレッシャーコントロールシステム

　図5左側の「情報刺激」は，目や耳など五感への刺激である。さらに運動をコーディネートする場合に，知覚の情報処理とつながりが深いとされるバランスの要素も，合わせて組み込まれている。

　右側の「プレッシャー条件」については，以下のとおり「複雑性」が3つに，また「状況の変化」と「ストレス」が，それぞれ2つに細分化されている。その内容は以下のとおりである。

- 複雑性①：同時並行処理（マルチタスキング）（いくつかの運動を同時に並行して行う）
- 複雑性②：連続処理（いくつかの運動を連続して行う）
- 複雑性③：筋肉を動かす際の力の入れ具合のコントロール
- ゲーム状況①：状況の変化
- ゲーム状況②：状況の複雑さ
- ストレス①：フィジカル的な負荷
- ストレス②：メンタルプレッシャー

　コーディネーション・プレッシャーコントロールシステムを用いたトレーニング方法は，ノイマイアーらによる著書で詳しく解説されているが，本書ではあくまでも「コーディネーション・プレッシャーコンセプトの視点を参考にする」という範囲内での紹介にとどめたため，より具体的な実践法については，省略することにした。その理由について，以下簡単に述べてお

くことにしたい。

　まず実際のトレーニングでは，すべてが計画どおりにいくとは限らないものだし，変更を余儀なくされてしまうことのほうがはるかに多い。このとき，指導者には，目の前で起こっている現象を適確にとらえつつ，選手のパフォーマンスを向上させ，よりいっそうのチーム強化を実現するために，何をどう修正すればよいのかなど，瞬時の判断が求められる。すなわち，変化に対して迅速かつ柔軟に対応し，すぐさま最適な解決策を打ち出せるかどうかは，指導者に求められる非常に重要な資質であろう。

　したがってトレーニングの際に，**図5**に見られるような，何種類ものプレッシャーの要素を細部にわたってチューニングしつづけるというのは，あまりにも高度で複雑すぎるのではないだろうかと，私自身は感じている。それよりもむしろ，「五感への情報刺激」や「プレッシャー条件」の各要素を参考にしてオーガナイズ（場の設定）をつぎつぎとつくり変えていきながら，コーディネーション・プレッシャーをコントロールする術を探り，さらに明確にしていくことのほうが，より実用的なのではないだろうか。

　こうしたことから本書では，「五感の情報刺激」に関しては「視覚・聴覚・筋感覚」の3項目を，また「プレッシャー条件」については「時間・正確性・複雑性・状況の変化・ストレス（メンタル・フィジカル）・トランジッション」の6項目を取り出して，**図6**のようなコーディネーション・プレッシャーのコントロールシステムを作成し，実際のドリルで用いることにした。

4）実践への応用事例

　表4はコーディネーション・プレッシャーコントロールの具体的に例示したものであり，いずれも「五感への情報刺激」や「プレッシャー条件」などコーディネーション・プレッシャーの各要素が盛り込まれている。

　サッカーの専門的なコーディネーショントレーニングを主題とする本書では，情報刺激に関しては「視覚・聴覚・筋感覚・バランス」を，またプレッシャー条件については，「時間・正

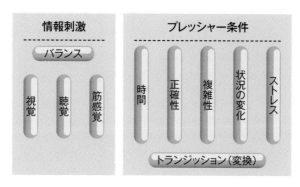

図6：本書におけるコーディネーション・プレッシャー
　　　コントロールシステム

表4：コーディネーション・プレッシャーコントロールの具体例

コーディネーション的負荷コントロールの具体例	コーディネーションプレッシャー	
	情報の負荷	プレッシャー条件
タッチ数を制限する（3タッチ，2タッチ，ダイレクト，フリーなど）	筋感覚	時間，正確性，複雑性，ゲーム状況
人数を変化させる（数的優位，同数，数的不利，ニュートラルな選手を入れる，など）	視覚	時間，正確性，ゲーム状況，ストレス，トランジッション
プレーゾーンの変化（コートを広げる，狭める，選手ごとにプレーできるゾーンを制限する，など）	視覚	時間，正確性，ストレス
時間的な制限を加える（10秒以内にシュートなど）	視覚	時間，正確性，ストレス
ゲームの際に複数のビブスを用いる（3色，4色，6色など）	視覚	時間，正確性，ストレス，トランジッション
同時に複数の課題を行う（例：縄跳びをしながらパス交換するなど，同時並行処理/マルチタスキング的な負荷）	視覚，筋感覚	時間，正確性，複雑性
ボールの種類（大きさ，重さ）を変える	筋感覚	正確性，複雑性

確性・複雑性・ゲーム状況・トランジッション（攻守の切り替え）」のファクターを取り出して用いることにした。

　ここでは第4章の実践編で紹介するエクササイズを例に，「プレッシャー条件」を用いたコーディネーション・プレッシャーのコントロール方法を，具体的な実践例である「ハンドパスゲーム」を交えて紹介する。なお，それぞれのドリルごとに，コーディネーションプレッシャー・コントロールシステム（KSと省略）の変化例を，KS 1，KS 2，KS 3というように挙げてみたので，合わせてご覧いただきたい。

ハンドパスゲーム

☆ジェネラル・コンテンツ

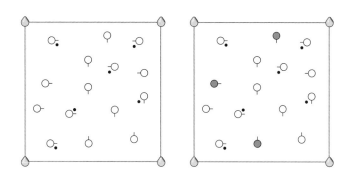

●ドリル1

・14〜15人の選手でプレーする。

・6〜8個のボールを使い，両手でハンドパスする（**左図**）。

・最初に6人の選手がボールを保持した状態からスタート（ボールの数は，人数によって変えていく）。

・動きを止めないよう，つねにコート内を動き回り，ボールがきたらすばやくキャッチし，すぐにつづけてフリーの選手へとハンドパスする。

・パスミスによって，ボールが地面に落ちないように気をつける。

●ドリル2

・ドリル1を，次のようにボールの使い方を変えて行う。

・6つのボールのうち，3つをハンドパス（サッカーボール，バレーボール，バスケットボールの3種類を使う）で，残りの3つは脚でインサイドパスする。

・1人の選手が同時に2つのボール（手に1つ，脚に1つ）を保持しないように注意する。

●ドリル3

・**右図**のように，オニ（赤マーク）を3人設定する。

・オニは目印としてビブスを手に持ち，ボールを持っていない選手を追いかけて，タッチする。

・つかまった選手はオニからビブスを受け取り，オニとなって別の選手を追いかける（すぐにタッチ仕返すのはナシとする）。

・ボールを持っている選手は，オニにねらわれている選手にタイミングよくパスして，つかまらないようにうまくサポートする。

<解説>

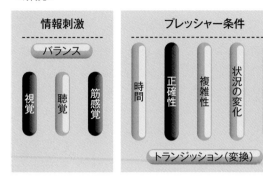

【KS 1】

◇ドリル1では，プレッシャー条件は【KS 1】のとおり，「正確性」のスイッチがオンとなる。

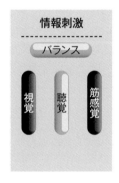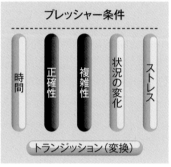

【KS 2】

◇またドリル2のように，ボールの種類を変えたり，ハンドパスと脚でのインサイドパスをミックスさせることで，【KS 2】のごとく，「正確性」に加え，「複雑性（筋肉の力の入れ具合のコントロール）」のスイッチもオンになる。

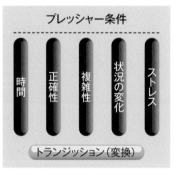

【KS 3】

◇さらにドリル3のように，オニを3人プラスすることで，「時間」「ゲーム状況〈状況の変化・複雑さ〉」「ストレス〈メンタルプレッシャー〉」の要素が追加され【KS 3】，高度なコーディネーション・プレッシャーが選手に突きつけられることになる。

5）サッカーのコーディネーション・プレッシャー

　これまでに説明したコーディネーション・プレッシャーをよりよく理解するための基礎資料として，サッカーで要求される7つのコーディネーション・プレッシャーを，**図7**をもとに例示する。

図7：サッカーのコーディネーション要求（Nieber, 2004を参考）

①プレーゾーンの連続的な変化

サイドチェンジや前線へのフィードなど，ゲーム展開にともなうプレーゾーンの連続的な変化

②オフサイドの回避&オフサイドトラップ

オフサイドという特殊なルールの条件下で繰り返される複雑な攻防（例：味方選手とプレーのリズムやタイミングを同調させながら，適切な予測と判断によってオフサイドを回避する，あるいは相手選手をオフサイドにかけるなど）

③落下地点を瞬時に予測・判断する

センターリングやロングボールなどの落下地点の予測と判断（例：ディフェンダーやGKが試合の流れを先読みしながら，選手がキックしたボールの軌道やコースを読み取る）

④フット・アイ・コーディネーション（目と脚の協調）

とりわけボールコントロールの際に必須となる，視覚情報と脚の動きとの優れた協調（例：力加減の絶妙なコントロール）

⑤技能を正確かつスピーディーに発揮する

時間的プレッシャーの状況下における，胴体から脚，あるいは頭部への運動の伝導（例：キッ

クやヘディングを正確かつスピーディーに行う）

⑥ダイナミックかつ正確なボディコントロール

ペナルティーエリア内など，狭いスペースでの1対1をはじめとする攻防における，ダイナ
ミックかつ正確なボディコントロール

⑦位置関係の適切な把握&トランジッション（攻守の切り替え）

広範囲なフィールド上において，つねに相手選手と味方選手の位置関係を適切に把握しなが
ら，トランジッション（攻守の切り替え）にフレキシブルに対応するための抜群の集中力

┃3┃ステップ3：スペシャル・コーディネーショントレーニング Ⅱ

ジェネラル・コーディネーショントレーニングによってパフォーマンスの前提条件を獲得し，
さらにスペシャル・コーディネーショントレーニングによって，みずからに備わる潜在リソー
スを最大限に引き出す段階を経た選手たちの到達点であるコーディネーションの最高形態（エ
キスパート・トップ選手向け）は，コーディネーション・コンピテンツと表現される。

コーディネーション・コンピテンツ

（競技の専門性に特化したハイレベルなコーディネーショントレーニング）
選手に備わったあらゆるリソースを引き出し，パフォーマンスを最大限に発揮し尽く
すことをめざしたトレーニング。選手に高難度なコーディネーションのプレッシャー
条件を突きつけることにより，選手の潜在力を可能な限り引き出すことが目的となる。
技術，フィジカル，戦術，精神力などの諸要素をまとめ上げ，その時どきで最高のパ
フォーマンスが発揮できるように，コーディネーションパフォーマンスの水準をより
完璧なものへと高め，パフォーマンス統合を図る。

以下に挙げたのは，コーディネーション・コンピテンツを兼ね備えた，超一流と言われるトッ
プ選手たちに主だって見られる特徴である（Nieber, 2004）。

a）豊富な経験に裏打ちされた高度なインテリジェンスをもとに，その時どきのゲーム状況に
　応じた最適なプレーを，つぎつぎと生み出すことができる。
b）ゲーム中に刻一刻と変化しつづける周囲の複雑な情報を，ほとんど無意識のうちに一瞬で
　察知し，ベストプレーを実現しつづけることができる。

c）高度に自動化された多彩な技術的・戦術的ポテンシャルを，すばやく正確に発揮すること
　　ができる。

d）予想不可能な状況の変化に対して，つねにクリエイティブに対応できる。

e）直感や共感力を駆使しながら，次に起こることを予測しつつ，攻守にわたって時間と空間
　　を意のままに支配することができる。

　コンピテンツを意識したコーディネーショントレーニングでは,「コーディネーショントレーニングの主要メソッド（p.48で紹介）」で説明したオーバー・ポテンシャル法とゲーム法を中心に，選手たちには高度なコーディネーションプレッシャー（情報系の刺激とプレッシャー条件）が突きつけられることになる。すなわち，さまざまな環境刺激に対して，みずからに備わった心・技・体のあらゆるリソースを総動員させながら，パフォーマンスの限界に挑もうというわけである（**図8**）。

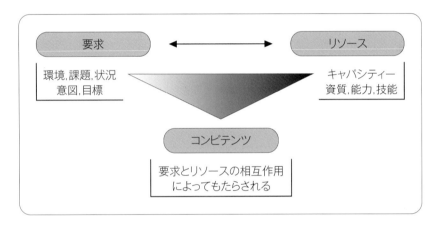

図8：コンピテンツ・モデル（Hirtz, 2000をもとに著者改変）

　コーディネーション・プレッシャーによって，選手に秘められたポテンシャルを存分に活性化させ，極限まで高めていこうとするコンピテンツ・トレーニングのコンセプトは，ある意味,「火事場のバカ力」的なメカニズムに相通ずるものがあると言ってよいであろう。すなわち，究極の一大事である「火事」という環境要求が突きつけられることによって，無意識のうちにパフォーマンスのリミッターが外れるとともに，みずからに内在するリソースのポテンシャルである潜在力が存分に引き出されることによって，通常では考えられないほどの強力な力が発揮されるという仕組みである。

　以前，元日本代表のオシム監督が，何色ものビブスを用いてゲームを行っていたが（2006年8月7日サッカー日本代表トレーニング，計7色のビブスを用いた8対8のゲーム），あれこそまさに，トップアスリートとしての抜群のリソース・ポテンシャルを兼ね備えた代表選手だからこそ成し得るたぐいのものなのであろう。視覚の情報処理を中心とする高度なコーディネー

ション負荷にさらされた状況のなかで，攻守にわたりつねに適確な対応と判断力とが求められるという，きわめて斬新なコンピテンツ志向型のコーディネーショントレーニングである。

　実践のなかでコーディネーション要求の視点を取り入れた戦術・コンピテンツトレーニングを行う際には，**表4**で紹介したような方策によって，コーディネーション負荷をコントロールしていくことになる。以下，基本的な考え方，および具体的なトレーニングモデルを解説して，本節のまとめとしたい。

1）実践への応用 その1：プレッシャーのコントロール

　コーディネーション・コンピテンツトレーニングの実施に際しては，情報処理力のマネージメント，言い換えるならば「コーディネーションプレッシャーのコントロール」を熟知しておく必要がある。

　実際のゲームで相手よりも優位に試合をすすめ，主導権を握り，ゲームの流れを引き寄せてアドバンテージを得るためには，サッカー選手に課せられるコーディネーション・プレッシャーを巧みにコントロールすることが不可欠である。

　具体的には，相手チームに対して，できる限り多くの情報的なストレス（コーディネーション・プレッシャー）を突きつけたり，またはその逆で自チームの情報的なストレスを意図的に軽減させたりすることで，攻守にわたって優勢をきわめることがねらいとなる。

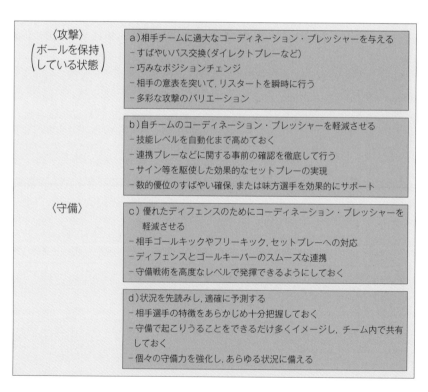

図9：サッカーにおけるコーディネーション・プレッシャーのコントロール

サッカーの実践における応用としては，攻撃と守備それぞれの局面において，**図9**に挙げたように，コーディネーション・プレッシャーの意図的なコントロールによって，ゲーム展開を優位にすすめるという具合である。

　サッカーではゲームの始めから終わりまで，つねに攻守にわたり，数的優位な状況を少しでも多くつくり出せるかどうかが重要になる。たとえばディフェンスの選手であれば，相手に利き足ではないほうの脚でボールをコントロールさせるように意図的にプレスをかけつづけることで，守備におけるアドバンテージを効果的に勝ち取ることができる。

　以下，実践への応用として，攻撃と守備それぞれの場面を例に挙げながら，コーディネーション・プレッシャーのコントロールについて説明しておこう。

攻撃側１：相手チームにより多くのコーディネーション・プレッシャーを与える

- 抜群のコンビネーションプレーが織り交ぜられた，迅速かつスムーズなフォーメーションプレー
- ボール奪取後に瞬間的に数的優位を確保し，抜群の個人技を駆使しながら，電光石火のごとく猛スピードで相手ゴールへと襲いかかりシュートへと至る，カウンター攻撃

　以上のように，ゴールへと至る一連のプロセスが，多彩でスピーディーな攻撃によって展開されることで，守備側は守りに備える時間をほとんど与えられず，また相手の攻撃を予測することが困難となってしまう。

　このようにディフェンス側に対して，できるだけ多くの情報的な負荷を与えることで，守備力を低下させることがねらいとなる。

攻撃側２：みずからのコーディネーション・プレッシャーを軽減させる

　サッカーで必要とされる多様な動きを身につけ，またパスやドリブルなど，テクニカルなレベルを自動化の状態にまで高めておくようにする。そうすることで，カウンターアタックの際やポジションチェンジを駆使した多彩な攻撃に集中できるようになるため，最終的にゴール・アタックの場面に至るまでの連係プレーのミスを最小限にとどめることができる。あるいはそうした連携プレーについても，日頃から選手同士で頻繁に確認しておくことで，攻撃がよりスムーズになっていく。

　このように，みずからの情報的負荷を軽減させることも，情報戦略の重要な１つである。

守備側１：スカウティングを攻撃パターンの予測につなげる

　相手チームの戦い方や，個々の選手の特徴などを事前に分析したり，プレー中に攻撃パターンをできるだけ多く把握したりすることも重要である。その結果，相手チームの次なる一手を予測することができ，守備を有利にすすめることができる。

守備側2：連携プレーの強化によりディフェンス時の情報処理力を上げる

　オフサイドという，サッカー特有のルールにもとづいて繰り返される複雑な攻防を有利に活かす。サッカー選手にとっては，ごく当たり前のことのように聞こえるかもしれないが，実際にはそう簡単にはいかないのが，「オフサイドルール」の難しいところでもある。それでも，味方選手のプレーのリズムを熟知し，いかなる状況下においても動き出しのタイミングをお互いに統制できる状態にまで高めておくことは，ディフェンスラインの絶妙なコントロールを可能にするための大前提となる。

　日頃から守備に重きを置いたチーム戦術トレーニングを繰り返し行うのはもちろんのこと，相手選手と味方選手の位置関係を適切に把握したり，プレーのリズムやタイミングの同調，さらには予測力や判断力に磨きをかけることで，相手選手をオフサイドにおとしいれる確率をよりいっそう高めることができよう。

 ここがポイント！　【ゾーンディフェンス戦術習得のキーワード】

　サッカーにおける戦術的な要因を強化し，実践でうまく発揮するためには「味方選手や相手選手の位置や動き，あるいは周囲の状況を認知し，判断する」という，情報処理の第1プロセスにおける，コーディネーションやメンタル的な要素（認知・イメージや集中力）との橋渡しが不可欠となる。

　イタリアのフェレッティは，「強固なゾーンディフェンス戦術の習得に際しては，まず第一にスペーシングとタイミング（空間と時間）の感覚を身につけることが重要である」（フェレット，1998）と述べている。

　確かにラインディフェンスにおいては，ディフェンダー同士の息の合った絶妙なラインコントロールこそがかなめであり，相手チームをオフサイドにかけるという術も，お互いのポジショニングや動き出しのタイミングを高度なレベルで把握できてこそ，可能になるというわけである。

　こうした，「スペーシングやタイミングといったコーディネーション的な要素が，ディフェンス戦術を効果的に身につけるための重要な前提条件になる」という独自の概念を打ち出してくるあたりが，まさしく鉄壁の守備力を伝統とするイタリアサッカーの神髄と言えるのではないだろうか。

2）実践への応用　その2：トランジッション

　現代サッカーにおけるコーディネーション・プレッシャーの負荷コントロールを考えるにあ

たり，なによりも重要なポイントは，「トランジッション（攻守の切り替え）」ではないかと私は考えている。その理由について，以下述べていくことにしよう。

　サッカーとは，まさしくボールの奪い合いの連続であるが，相手チームからボールを奪取したり，あるいはミスによりボールを奪われたりした瞬間，すなわち「トランジッション（攻守の切り替え）」の局面においては，予期せぬ出来事が連続しておこるため，選手に突きつけられるコーディネーション・プレッシャー（情報処理力に対する負荷）が最大限に達する。そのため，攻守が切り替わった瞬間のコーディネーション・プレッシャーを巧みにコントロールしながら，戦術的なアドバンテージをいかに勝ち取ることができるかどうかが，勝利の行方を左右する決定的な要因になるといっても過言ではないのである。

　エルゲルト（ドイツ・FCシャルケU-19監督）によれば，サッカーの試合中に生まれるすべての得点の80％は，ボール奪取後（攻守の切り替え後）のすばやいカウンターから記録されているという。加えて，「世界のトップクラスに君臨するチームは，ボール奪取後に，まだ完全には準備のできていない相手陣地へと電光石火の如く襲いかかり，ほんの一瞬だけ発生する数的優位の状況を余すところなく活かしきれるのである」（ノルベルト・エルゲルトほか著『ドイツ流攻撃サッカーで点を取る方法』より引用）と指摘している。また，ドイツサッカー連盟（DFB）がまとめ上げたテクニカルレポートでも，近年におけるドイツサッカー躍進の重要な要因として，「すばやいトランジッション（攻守の切り替え）とカウンター攻撃による得点率のアップ」が挙げられている。

　それでは，一体どのようにして，「トランジッション」をテーマにしたトレーニング（「トランジッション」に主眼をおいた戦術系のコーディネーショントレーニングに関しては，実践編p.145以降で紹介しており，詳しくはそちらを参照のこと）を行えばよいのだろうか。

　最後に本節のまとめとして，トランジッション（攻守の切り替え）をテーマにして行うトレーニングの実践例（5色のビブスを用いた4対2）を紹介する（実践例2）。いずれにしてもカウンター攻撃をはじめとする「攻守の切り替え」をテーマにした戦術・コーディネーショントレーニングを実践することは，大変有効かつ不可欠であるのは言うまでもない。

5色のビブスを用いて行う4対2

*DFBドイツサッカー協会リフレッシュ研修会
（2013年　1月18日〜1月20日）の「モダ
ンサッカーのトレーニング」で紹介された実技より引用）
★スペシャル・コンテンツ

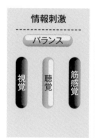

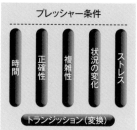

情報刺激
バランス
視覚　聴覚　筋感覚

プレッシャー条件
時間　正確性　複雑性　状況の変化　ストレス
トランジッション（変換）

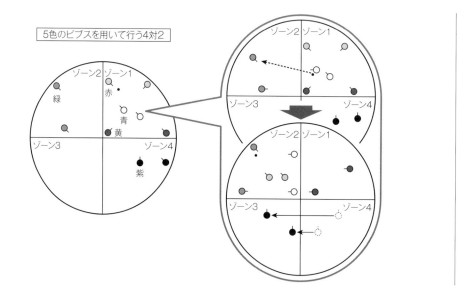

5色のビブスを用いて行う4対2

ゾーン2　ゾーン1
緑　赤
青
黄
ゾーン3　ゾーン4
紫

ゾーン2　ゾーン1
ゾーン3　ゾーン4

ゾーン2　ゾーン1
ゾーン3　ゾーン4

●オーガナイズ

- サッカーコートのセンターサークルを4分割して，それぞれゾーン1からゾーン4まで割り当てる。

- 2人1組で1色のビブスを着用し，計5色の10人でプレーする。

●ルール

- 1つのゾーンでプレーできるのは6人までとする。

- 図のゾーン1のように，赤2人と青2人でパスを回し，黄色の2人がディフェンス役としてボールを奪いにいく。

- 両隣のゾーン2とゾーン4では，それぞれ緑2人と紫2人が待機しておく。

- 黄色の2人がボールを奪った瞬間，黄色の2人はゾーン2，またはゾーン4で待機している選手にパスをして，すばやくパスを出した先のゾーンへと移動し，攻撃側としてプレーする（図ではゾーン2へ移動し，緑の2人と一緒に攻撃側となる）。

- ボールを奪われた色の選手2人（ここでは赤ビブスの選手とする）も，すぐにゾーンを移動して，今度は守備側としてプレーする。

- ゾーン4で待機していた紫の2人は，ゾーン3へ移動し，次のプレーに向けて待機する。青の2人も同様に，待機しておく。

- パスミスやトラップミスによってボールがコートの外へ出てしまった場合には，ボールを奪われたときと同じ扱いとする。ボールが外に出てしまった場合には，用意していたセカンド

ボールをすぐにフィールドへと戻し，プレーゾーンをチェンジする。この場合は，ミスをしてボールを失った側の選手2人が，次はディフェンス役としてプレーする。

●バリエーション─────

① 攻撃側の選手は，両隣のゾーンに待機している選手へ自由にパスを出すことができる。パスを出したら，すぐにゾーンを移動して，待機中だった選手2人とともに攻撃側としてプレーを継続する。ディフェンス役の2人の選手も，すぐにゾーンを移動してディフェンスをつづける。この場合，オフェンス側が有利な条件となるため，ボールに触れる回数を制限することが望ましい（実際のプレーの状況を見て適切なタッチ数を決める）。

②攻撃側の選手のボールに触れる回数を制限する（3タッチ以内，または2タッチ以内など）。

③攻撃側の選手がパスを10回回したら1点，というようにゲーム性をもたせる。

④攻撃側は，ボールを奪われたらすぐにボールを奪い返しにいく。ボールをカットしたディフェンス側が隣のゾーンへパスを出す前に，同じゾーン内でボールを奪い返すことができた場合は，ふたたび攻撃側としてプレーを続行する。

●ポイント─────

・ボールを奪ったあとのすばやい切り替え（トランジッション）が主題であることから，ディフェンスの2人がボールを奪ったあとに，隣のゾーンにいる選手にパスを出して攻守を切り替えるまでの一連のプレーを，できる限り時間をかけずに一瞬のうちにやってのける必要がある。そのため，状況判断やボールコントロールに時間をかけるなど，プレーのロスがないようにうな

がす。

・ボールをカットされて，移動先のゾーンでディフェンス役になる選手の2人は，攻守の切り替えをすばやく行い，ボール保持者へ瞬時にプレッシャーをかけているかをチェックする。

・4対2というトレーニングの設定上，個人戦術，またはグループ戦術的な要素がベースとなる。そのため攻撃側，守備側ともに，戦術的な決まり事や約束事（たとえば守備側の場合，「お互いの距離をコンパクトに保ちながら，どちらか一定方向に限定してタイミングよくプレスをかけて，効果的にボールを奪う」など）がしっかりと守られていることが条件となる。いずれにしても，戦術的な要素をしっかりと身につけた段階で行うのが望ましい（あくまでもコーディネーション・プレッシャーがメインとなるため，戦術面での修正は最小限にとどめておく）。

ここがポイント！ 【戦術・メンタル・フィジカルとコーディネーション】

　実際のゲームで適切な状況判断によって戦術的なプレーを成功させ，勝利へと結びつけられるかどうかは，コーディネーションやメンタル（認知・イメージや集中力）の優劣にかかっていると言ってよい。そればかりでなく，メンタルとコーディネーションの双方を鍛えておくことは，プレー中のイージーミスをかなりの割合で防ぐことにもつながる（Voigt, 2004）。

　スポーツ選手なら誰でも，失敗やミスへの不安をいだくものではないだろうか。具体的には，パスミスを連発してしまったり，絶好のチャンスでシュートを外してしまったりするなどの不安や恐れ，という具合である。こうした不安を感じながらも，適切な状況判断によって，目的とするプレーをうまく成し遂げられるかどうかは，コーディネーションとメンタル面の両者を，ともに高いレベルにまで強化しておかなければならないのである。

　メンタル面への効果という点では，コーディネーショントレーニングの実施によって，脳内の情報処理回路を活性化させることで，じつにさまざまなメリットを得られることがわかってきている（詳細は，第5章「4.メンタルコーディネーション」を参照）。すなわち，脳の神経回路をつくり換えることで，ネガティビティ・バイアス（精神ストレス）を消し去ると同時に，ポジティブ・ニューロンを活性化させ，神経伝達の回路をワクワクした状態に書き換える効果が，コーディネーショントレーニングには秘められているというわけである。

　さて，フィジカル面との関係性という点では，コーディネーション面の強化によって，どのようなメリットが生まれるのだろうか。コーディネーションを鍛えることによって，サッカー選手にとっては必須となる短距離のダッシュ力，あるいは筋パワーの発揮力を，短期間で飛躍的に高める可能性が示されている（泉原，2016）。

　このように，スピードやパワーなどのフィジカル・ポテンシャルを存分に引き出し，すぐれたパフォーマンス力へと転化させることは，サッカーにおいてはきわめて重要な要因と言えよう。無論，その逆も然りである。抜群のスタミナやパワーを兼ね備えることができれば，肉体的な疲労の影響を受けやすいとされるコーディネーションやメンタルをも，つねに高いレベルで維持することができるようになり，結果的に，プレーミスを最小限にとどめたり，最後まで高い集中力を維持しつづけることが可能になるのである。

3.サッカーにおけるコーディネーショントレーニングの年代別体系論

　選手たちのコーディネーション能力を計画的に養っていくためにも，「運動能力の最適発達期」という視点から，コーディネーショントレーニングをとらえておく必要がある。現在のスポーツ運動学では，小学校に入学する6歳頃から，第二次性徴直前の12歳くらいまでの時期において，運動に関する神経系および知覚の発達には目をみはるものがあることが，明らかにされている。

　たとえば，コーディネーションやスピード，可動性に関しては，トレーニングを開始する時期が早ければ早いほど効果的であると考えられる。つまり，12歳くらいまでのあいだに，ジェネラルなコーディネーション能力をはじめ，可動性，あるいはスピード能力の養成に力を注ぎ，自分の体を思いどおりにコーディネートできるようにしておくことが望ましい。

　また，14〜15歳を過ぎたあたりから，コーディネーショントレーニングに，フィジカルトレーニングの要素を盛り込んでいく。それにより，子ども時代に身につけた巧みな動きに，パワーやスタミナ，あるいは瞬発力などが効果的に加味されていくというわけである（**図10**）。

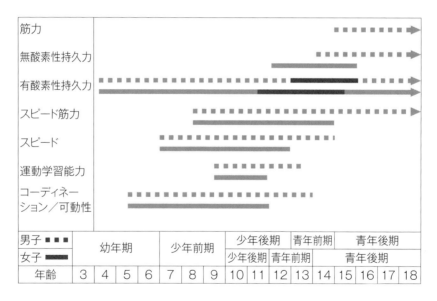

図10：運動能力の最適発達期（Hartmann, 2010）

　とはいえ，コーディネーショントレーニングが，ジュニア・ユース年代で幕を閉じてしまうわけではない。18歳以降，すなわちトップ選手の仲間入りを果たしてからは，専門的かつ高度なコーディネーショントレーニングが，継続されていくべきなのである。むしろトップアスリートとしての，より深い次元におけるパフォーマンスの統合化という意味では，U-18年代

以降のスペシャル・コーディネーショントレーニングが，とりわけ重要な意味をもつことになる。

こうした幼少期からトップ年代に至るまでの，コーディネーショントレーニングの一連の流れを考えるうえで必要となるのが，「どの時期にどういった内容のプログラムを行えばよいのか？」という具体的な指針である。

図11は，その一連の流れを示したものであるが，以下つづけて，それぞれの年代ごとにコーディネーショントレーニングの年代別体系論（Hartmann（2010），Nieber（2004），Glasauer（2005）らを参考）について，詳しく述べていくことにしよう。

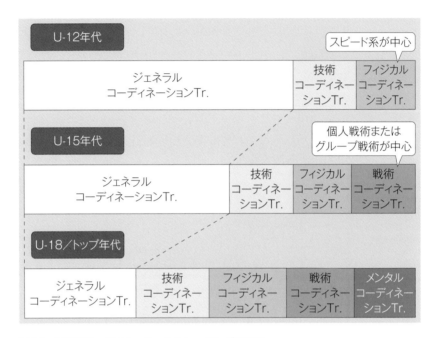

図11：年代別コーディネーショントレーニング体系論

| 1 | 発育発達期【U-6～U-12年代】

シーズン1（U-9年代）

この段階のコーディネーショントレーニングは，「走る」「跳ぶ」「投げる」「捕る」といった基本的な運動，あるいはスポーツの技を獲得・洗練させるための前提条件（レディネス）の獲得がねらいとなる。

トレーニングに際しては，できる運動と組み合わせて行う。ジェネラル・コーディネーショントレーニングによって，スペーシング（定位），グレーディング（分化），タイミング（リズム），リアクション（反応），バランス（平衡）など，ジュニア世代に養成しておくべき5つのコーディネーションの基礎をそれぞれバランスよく高めていくようにする。

シーズン2（U-12年代）

　U-9年代までにジェネラルコーディネーショントレーニングによって獲得した各コーディネーション能力に磨きをかけ，より完成度の高いものへと仕上げる。

　年齢が上がるにつれ，キックやヘディングなど，身につけた技術が洗練された状態にある場合には，技術コーディネーショントレーニングを行い，実戦のなかでより確実に発揮できるように，技術面のブラッシュアップをはかる。

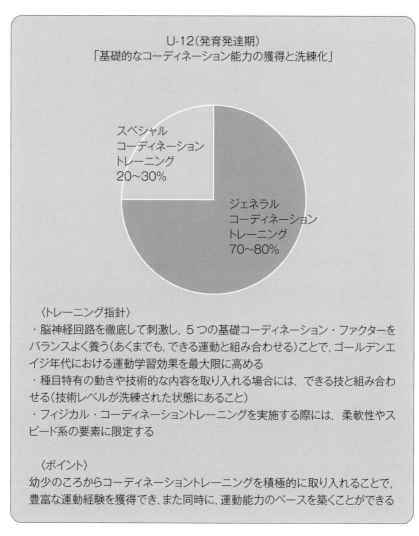

図12：U-12年代のコーディネーショントレーニング

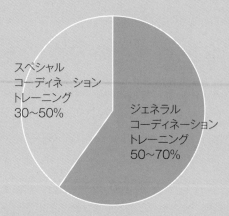

U-15年代(発展トレーニング期)
「種目専門のコーディネーションパフォーマンスを発展させる」

スペシャル
コーディネーション
トレーニング
30〜50%

ジェネラル
コーディネーション
トレーニング
50〜70%

〈トレーニング指針〉
・トレーニングを組み立てる場合には,「時間」「複雑性」「ゲーム状況」など
のプレッシャー条件に加え,視覚や聴覚,触覚,筋感覚など,さまざまな情報分析
器官を刺激するような内容をふんだんに盛り込む
・技術コーディネーショントレーニングを重点的に行い,身につけたテクニック
に磨きをかける
・フィジカルコーディネーショントレーニングでは,年代が上がるにつれ,柔軟性
やスピードを中心とした内容から,少しずつ,筋力発揮を促すようなパワー系の
要素とミックスさせた内容へとシフトする
・年齢やレベルの上昇にともない,スペシャル・コーディネーショントレーニン
グの割合を増やす

〈ポイント〉
コーディネーショントレーニングを通じて,二次性徴にともなう身体のプロポー
ションの変化にうまく適応することができる!

図13:U-15年代のコーディネーショントレーニング

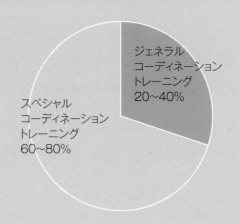

U-18/トップ年代（ポストトップトレーニング期/トップトレーニング期）
「専門コーディネーションの完成に向けて」

ジェネラル
コーディネーション
トレーニング
20〜40%

スペシャル
コーディネーション
トレーニング
60〜80%

〈トレーニング指針〉

・ジェネラルコーディネーショントレーニングを，心身の疲労回復，すなわちメンタルやフィジカル面のチューニング目的で実施する。これにより，肉体的回復（コンペンゼーション）の促進，怪我の予防，オーバートレーニング等による意欲喪失の予防などに役立つ

・選手自身の長所であるストロングポイントを発揮することを狙いに，サッカーの技術，フィジカルあるいは戦術の要素と組み合わせたスペシャル・コーディネーショントレーニングを，集中的かつ継続的に行う

・ポジション別のコーディネーショントレーニングによって，おのおののポジションで必要とされる専門性のレベルをより高い状態へと引き上げる

・試合特有の場面を設定した戦術コーディネーショントレーニングを行い，実践を想定したハイレベルなコーディネーション負荷を設定することで，巧守にわたるグループ戦術やチーム戦術を洗練させ，チーム強化へとつなげる

図14：U-18／トップ年代のコーディネーショントレーニング

| 2 | 発展トレーニング期（U-15年代）

　コーディネーショントレーニングの内容は，約50〜70％をジェネラル・コーディネーショントレーニングとして，また約30〜50％は競技専門のスペシャルコーディネーショントレーニングとして構成する。

　技術コーディネーションの実施に際しては，U-12年代まで獲得したコーディネーション能力をベースに，より難度の高い技術コーディネーショントレーニングへと挑戦して技術にさらなる磨きをかけるとともに，時間や複雑性などのプレッシャーをふんだんに織り交ぜることで，いかなる状況下でも優れた技術を発揮できるようになる。

　サッカー専門のスペシャル・コーディネーショントレーニングに，コンビネーション（連結・結合）やトランジッション（変換）の要素を取り入れる。

| 3 | ポスト・トップトレーニング期/トップトレーニング期
　　　（U-18年代/トップ年代）

シーズン1（U18年代）

　約70〜80％を競技専門のコーディネーショントレーニングに割り当てる。その場合，専門種目で要求される固有の動きや状況を，可能な限りトレーニングに組み込むようにする。

　ジェネラル・コーディネーショントレーニングをウォーミングアップに組み込むことで，精神的（メンタル）・肉体的（フィジカル）な面を効果的にチューニングすることも可能となる。

　そのほかにも，比較的軽い負荷のコーディネーショントレーニングを行うことで，肉体的回復（コンペゼーション）をうながしたり，怪我の予防，あるいはオーバートレーニングなどによる意欲喪失の予防に役立つ。

シーズン2（トップ年代）

　ゲーム特有の場面を想定したスペシャル・コーディネーショントレーニングを数多く取り入れ，高度なコーディネーション・プレッシャーを選手に課していく。それにより，技術や戦術面のポテンシャルを効果的に引き出したり，プレイ中のイージーミスを軽減することができる。

　スペシャル・コーディネーショントレーニングの割合が増すにつれ，感覚器官に与えられるストレスの割合もおのずと増えることになる。この場合には，難易度の低い基礎的コーディネーショントレーニングをアクセントとして取り入れ，心身の効果的リフレッシュを図る。

　試合期やトーナメントシーズンなど，肉体的・精神的な疲労がピークを迎える時期には，基礎的コーディネーショントレーニングの割合を30〜40％に増やすことで，疲労によって低下状態にあるコーディネーション能力をノーマルな状態へと戻すことが可能となる。

ここがポイント！　【1週間にどのくらいやると効果的？】

　p.44で紹介した「コーディネーショントレーニング10のポイント」のポイント8（少なくとも週に1度，45分ほど行う）は，キッズ・ジュニア年代で念頭に置きたい項目である。

　場合によっては，「1回あたり15分を月・水・金の3回に分けて行う（トータル45分）」としてもよいであろう。とはいえ，45分という目安は，最適なコーディネーション水準を維持するために確保したいトレーニング時間であり，可能であれば60分以上の実施が望ましいと考える。実際，福岡県内の小学校で行っている研究実践では，"60〜90分実施したほうが，コーディネーション能力がより着実に向上する"というデータも集まってきている。

　ユースやトップ年代（プロアスリート）においても，専門コーディネーショントレーニングの鍛錬以外に，疲労回復の促進やメンタルチューニング等を目的とする「リカバリー系コーディネーション（試合翌日の実施）」や，神経・筋の連動性向上や認知・判断力の調整に資する「スピード系コーディネーション（試合の前日または前々日に実施）」など，継続に欠かせないものが多数ある。

　実践現場では，「コーディネーショントレーニングに時間を割くことが難しい」という声を聞くことが多々あるが，「数回に分けて行う」「次回のトレーニングまでの宿題にする」など，さまざまに工夫をこらしながら，継続して実践を続けることが非常に重要である。

引用・参考文献

・泉原嘉郎・平野雅巳（2016）．コーディネーショントレーニングが大学生スポーツ選手の心理面およびフィジカルパフォーマンスの発揮に及ぼす影響．福岡大学研究部論集 2016．3号，p.89-94.

・ノルベルト・エルゲルト，ペーター・シュライナー．福岡正高訳（2009）．ドイツ流攻撃サッカーで点を取る方法．講談社.

・ペーター・シュライナー．白石豊・泉原嘉郎訳（2002）．サッカーのコーディネーショントレーニング．大修館書店.

・フェレット・フェッレッティ監修（1998）．ザ・ゾーン〜イタリアンモダンサッカーのすべて（DVD全4巻セット）．ジャパンライム.

・Glasauer, Günter（2005）. Koordinationstraining im Basketball. Verlag Dr. Kovac

・Hartmann Christian, Minow Hans-Joachim ; Senf, Gunar（2002）. Sport verstehen Sport treiben. Lehmanns Media.

・Hartmann C., Minow H. -J. & Senf G.（2010）. Sport verstehen–Sport erleben. Lehmanns Media.

・Hirtz P., Hotz A. & Ludwig G.（2000）. Gleichgewicht –Bewegungskompetenzen. Schorndorf Hofmann.

・Nieber L., Glasauer G. J.（2004）. Zur Methodik eines theoriegeleiteten Koordinationstrainings im Basketball. Leistungssport（30）, 6, S. 39-49.

・Voigt H. -F.（2004）. Koordinationstraining im Volleyball. Sportverlag Strauß.

コラム3：ドイツサッカーのコーディネーション事情

　私が日本での大学生活をスタートした1997年，当時のドイツサッカー界は「冬の時代到来」と揶揄されるほどの低迷期を迎えていた。1998年のワールドカップ・フランス大会の結果はベスト16。つづく2000年のヨーロッパ選手権では，予選リーグ敗退。将来，ドイツ留学を志していた私の耳には，「ドイツはやめておいたほうがいいのでは？」「フランスやスペインにしたほうが……」などといった声がちらほらと聞こえはじめていた。

　ところが，その後に日本と韓国の共催で開かれた2002年FIFAワールドカップでの準優勝を皮切りに，2006年ドイツ大会第3位，2010年南アフリカ大会ベスト4などの好成績がつづいた。さらには2014年ブラジル大会において，ホスト国であり，優勝候補筆頭に挙げられたブラジル代表を準決勝で撃破し，天才プレーヤーのメッシを擁するアルゼンチン代表を，手に汗にぎる激闘の末に退け，見事優勝に輝いたのだった。

　もちろん，サッカー王国ドイツの復活は，一朝一夕にして成し遂げられたものではない。抜群の運動量，強靱なフィジカル，卓越した技術力を集約した爆発的な攻撃力と，組織的に洗練された守備力を誇ってきたかつてのスタイルからの脱却をはかって以降，ワールドカップ・ブラジル大会（2014年）でふたたび世界の頂点をきわめるまでのあいだに構築されたドイツサッカー成功の要因は，一体どこにあったのだろうか。

　育成システムを見事に体系化してドイツ全土にタレントの発掘網を張りめぐらせ，若手選手の養成に力を注ぐと同時に，従来より定評のある指導者養成の質をさらに一段と高め上げ，ダイレクトプレーとカウンター攻撃を主軸に，ゲームの主導権を握り勝利へとつなげる。こうして，1990年に成し遂げた西ドイツチームでの優勝以来，世界王者に返り咲くまでに24年の歳月をかけ，ドイツ全土を上げての並々ならぬ努力と熱い情熱が注ぎ込まれてきたのは，言うまでもない。かつて私がドイツ留学した2002年は，韓国との共催により日本で初のワールドカップが開催された年でもあった。留学の直前に行われたワールドカップ欧州予選で，ドイツ代表はイングランドに5－1で敗れてしまったが，大敗を喫した直後に，エーリッヒ・ルーテメラー（ワールドカップ2002年日韓共催大会ドイツ代表チーム・コーチ）が残した次のような印象深いコメント（*注1）が，今でも私の記憶に強く刻まれている。

　　「ドイツのサッカー選手は，13歳までのゴールデンエイジにおけるコーディネーショントレーニングが不足していたため，身のこなしが硬く，やわらかいボールタッチができない選手が増えている」

　以降，抜本的な改革に着手したドイツサッカー連盟（DFB）は，コーディネーションをはじめ，技術，戦術，精神力のトレーニングの強化や，タレントの発掘などにいっそうの力を

注ぎ，育成を強化するための明確な指針（**下図**参照）を大々的に打ち出したあと，ワールドカップ必勝を祈念して，さまざまな強化プロジェクトをすすめてきた。

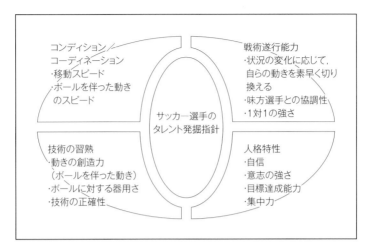

図：ドイツサッカー連盟におけるタレント発掘指針（2002年当時）

これを境にして，もとよりスピードや筋力などと同じように，コンディション領域の1つとして位置づけられていたコーディネーションを，1つの独立したカテゴリーとして取り上げ，トレーニング戦略の柱として重きが置かれるようになった。

なお，現在のドイツサッカー連盟の育成コンセプトにおいては，コーディネーショントレーニングが，12歳までの育成年代における主要ファクターとして盛り込まれており，技術・体力面を統合する要素として重要視されている様子がうかがえる（**表**参照）。

表：ドイツサッカー連盟における育成コンセプト（*注2）

年代	U-6	U-8	U-10	U-12
テーマ	運動経験	プレー経験	プレー経験	学習
技術	ボールの扱い方，多様なプレーの方法を経験する	ゲームで必要となるサッカーの基本技術に触れる	ゲームで必要となるサッカーの基本技術の発揮をうながす	サッカーの技術の習得および洗練化
体力	ジェネラル・コーディネーション			
体力	ゲームを通じて，多様な体の動かし方や筋肉の使い方を知る	実際のプレーの中でより巧みに素早く動けるようにする	実際のゲーム中によりダイナミックかつ多様に動けるようにする	サッカーに必要な体力を計画的かつ体系的にトレーニングしていく
心理	チームメイトとともにプレーし，多様なプレーを経験することで，心と体に多くの刺激を与える	サッカーの試合を通じてみずからの心と体の限界に挑戦していく	選手独自のプレーイメージやイマジネーションを構築していく	試合で実力を発揮させるためのメンタルスキルの重要性を理解する
戦術	サッカーのゲームとの出会い（経験値の獲得）	サッカーの基本的なゲーム戦術との出会い（試合経験の獲得）	サッカーで必要な戦術の基本を理解し，ゲームを通じて深めていく	個人戦術（1対1が基本）の基礎を繰り返しトレーニングする
年齢	2　3　4　5	6　7	8　9	10　11

私は，活動の拠点をドイツに移した2002年以降，およそ11年にわたり，ドイツのスポーツ現場にコーチとして身を置きながら，同時にドイツサッカー連盟主催の指導者養成コースにも，何度となく参加する機会を得てきた。

　2014年のワールドカップ優勝までの，ドイツサッカーが変貌を遂げていく様子を肌で感じながら，世界の頂点をきわめるまでのプロセスを目の当たりにすることができ，なにより一指導者として育成の現場に携わることができたのは，本当に幸運なことだったと強く感じている。

---

*注1　スポーツジャーナリスト・元川悦子女史によるルーテメラー氏への取材によるコメントを引用

*注2　Deutscher Fußball-Bund, Paul Schomann, Gerd Bode, Norbert Vieth, 2016, Kinderfußball - Ausbilden mit Konzept 1 : Bambinis, F- und E-Junioren (DFB-Fachbuchreihe), Philippka Verlag.

第4章

ジェネラル・
コーディネーショントレーニング

本書で紹介するコーディネーショントレーニングは，4つのパートから構成されている（**図1**）。

基礎的コーディネーショントレーニング ・できる運動と組み合わせて行うエクササイズ ・ボールを用いたエクササイズ 　（手または脚でボールをコントロール）	**技術・コーディネーショントレーニング** ・できる運動またはサッカーの技とミックスさせる ・シュートドリルと組み合わせる
フィジカル・コーディネーショントレーニング ・スピードの要素とミックス 　→ランニング・コーディネーション 　→ジャンプ・コーディネーション ・柔軟性の要素とミックス	**戦術・コーディネーショントレーニング** ・いろいろなバージョンでのパスゲーム ・戦術系の要素とミックス（サッカーのゲーム形式で行う）

図1：4つのコーディネーショントレーニング

　基礎的コーディネーショントレーニングをキッズやジュニア選手対象に行う際には，走る，投げる，捕る，ジャンプ，ターンといった基本的な運動をミックスさせたものを中心に行う。さしあたり小学校の低・中学年あたりまでのあいだは，コーディネーションの基礎的な5要素（スペーシング，グレーディング，タイミング，リアクション，バランス）をテーマにしたトレーニングが中心となる。年齢とレベルが上がるにしたがい，コンビネーションやトランジッションの要素を組み込んでいくことで，エクササイズの難度が上がっていく。

　つづく第5章の専門コーディネーショントレーニングは，技術・コーディネーション，フィジカルコーディネーション，戦術コーディネーションなどのトレーニングを，サッカー特有の内容や条件をふんだんに取り入れたなかで実践する。

　本編では，図や写真をまじえた解説をよりよく理解していただくために，補足映像を付録とした。一部，未収録のトレーニング（本編中の文章による説明のみ）もあるが，QRコード付きのものは映像と合わせてご覧いただきたい（付録の映像は，読者の方がたにドリルの内容を少しでも理解していただけるように，あくまでも補足的な意図を込めて作成したものである。もとは選手たちのトレーニングの分析・フィードバックを目的として撮り溜めたものであるため，撮影および編集技術に関しては，十分なクオリティーとはいかないものであることを，あらかじめご了承いただきたい）。

　なお，本章の巻末付録（p.163）に，各トレーニングで要求されるコーディネーション・ファクターを示しておくことにした。

(1) オニごっこ形式で行うトレーニング（【1】～【10】）

　私たちにはなじみの深いオニごっこは，方向感覚やすばやい反応力を養うのに最適なトレーニングであり，アイデアと工夫次第で，トレーニング内容をいくらでも発展させることができる。このトレーニングの特徴としては，次の点が挙げられる。

・全員（チーム全体，あるいはグループ）で同時に動けるので，待ち時間をなくせる。
・内容をさまざまにアレンジ可能。
・「つねにオニに追いかけられる」という状況（時間的なプレッシャー）にさらされるため，メンタル要因である判断のすばやさ，集中力なども同時に要求される。結果として，モチベーションをよりいっそう高く保つことができる。

〈オニごっこ形式で行うトレーニングのポイント〉

◇スペーシング（メインテーマ）

　私たちにはなじみの深いオニごっこを，さまざまなバリエーションで行うことによって，スペーシング，すなわち方向感覚を養うことが主なねらいとなる。コート全体を視野に入れながら，自分や味方，あるいは相手選手（オニ）がどこにいるのかをつねに意識させる。

◇コートの大きさ

　選手の人数やトレーニング内容に応じて，プレーできる範囲をいろいろにアレンジする。手や足でボールをドリブルしながら行う場合には，コートの範囲が狭くなればなるほど，すばやい動きのなかで，力の入れ方をうまく調節するといった高度な正確さや，迅速な状況判断の力が要求される。

◇オニの人数

　オニの人数は，全体のトレーニング人数の2～3割をベースにしながら，状況を見てコントロールする。キッズやジュニア年代など年齢が低い場合には，オニの人数をやや少なめに設定した状態（あえて難度を下げる）からスタートする。

◇継続時間

　セットごとの継続時間は，1分前後を目安に，長くても1分半で切り上げる（年代が上がるにつれ，継続時間をのばす）。たとえば，「1分以内に全員をつかまえたらオニの勝利」とすることで，選手たちのモチベーションや集中力をよりいっそう高めることができる。

【1】オニごっこ Part 1

コーディネーションファクター
- -
スペーシング　タイミング　グレーディング
バランス　リアクション
コンビネーション

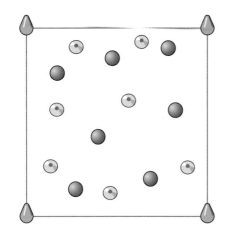

（写真1）

●オーガナイズ
・正方形で仕切られたコートの中に，マーカーコーンやボールをちりばめる（**図**，**写真1**）。

●ルール
・正方形のコートの中でオニごっこを行う。オニはコート内でできるだけ多くの選手をつかまえる。
・選手は，コーンとボールに触れてはいけない。
・オニにタッチされた選手は，両足を広げて立つ（コートから出たら，つかまったものとする）。
・つかまっていない選手が1度つかまった選手の足のあいだをくぐり抜けられたら，生き返ることができる（**写真2**）。
・制限時間内に全員がオニにつかまったら終了（オニを交代する）。

（写真2）

【2】オニごっこ
Part 2
(ウサギとハンター1)

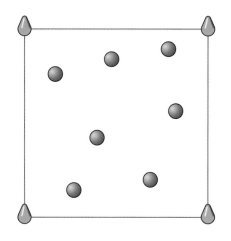

●オーガナイズ――――――

・正方形で仕切られたコートの中に，ボールをランダムに置く。
・コートの大きさは，選手の人数とレベルに応じて変える。

●ルール――――――

・正方形のコート内でオニごっこを行う。オニ（ハンター）はできるだけ多くの選手（ウサギ）を，ボールを投げ当ててつかまえる。オニ以外の選手（ウサギ）は，オニ（ハンター）が投げるボールに当たらないように逃げる。
・オニが投げたボールに当たった選手は，「オニごっこPart 1」のときと同様に，両脚を広げて立つ（コートから出たら，つかまったものとする）。
・つかまっていない選手が1度つかまった選手の足のあいだをくぐり抜けられたら，生き返ることができる。

・オニはコート内にあるすべてのボールを使うことができる。
・制限時間内に全員がオニ（ハンター）につかまったら終了（オニを交代する）。

●バリエーション――――――

①オニ（ハンター）役の選手がボールを投げる際に，「両手で」「右手で」あるいは「左手で」というように投げ方を限定する。

【3】オニごっこ
Part 3

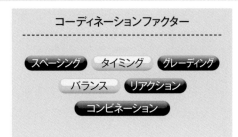
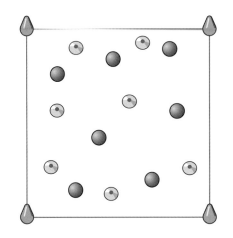

●オーガナイズ────────

・「オニごっこPart1」と同じ（図）。

・正方形で仕切られたコートの中に，マーカーコーンやボールをちりばめる。

・コートの大きさは，選手の人数とレベルに応じて変える。

●ルール──────────

・オニ以外の選手がボールを持って逃げるという，オニに有利なオニごっこである。

・オニにつかまった選手は，ボールを頭上に持って足を広げて立つ。

・オニにつかまっていない選手が，つかまっている選手の股のあいだにボールを通したら，つかまっている選手はふたたび逃げることができる。

●バリエーション──────

①片手でボールを持って逃げる（左手または右手にボールを持って逃げる）。

②両手でしっかりとボールを持って逃げる。

【4】オニごっこ
Part 4

コーディネーションファクター

スペーシング　タイミング　グレーディング
バランス　リアクション
コンビネーション

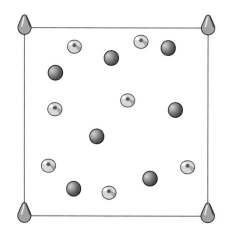

●オーガナイズ─────
・「オニごっこPart 1」と同じ
（図）。
・正方形で仕切られたコートの
中に，マーカーコーンやボール
をちりばめる。
・コートの大きさは，選手の人
数とレベルに応じて変える。

●ルール─────
・オニも逃げる選手も全員，
ボールを足でドリブルしながら
オニごっこを行う。
・オニにつかまった選手は，
ボールを頭上に持って足を広げ
て立つ。

・フリーな選手が，つかまって
いる選手の股のあいだにボール
を通したら，つかまっている選
手はふたたび逃げることができ
る。

●バリエーション─────
①オニになる選手も，オニ以外
の選手も，バスケットボールの
要領で，手でハンド・ドリブル
しながらオニごっこを行う。足
でドリブルするときと同様，
ボールをドリブルする手を，利
き手だけ，あるいは利き手では
ないほうの手だけでドリブルす
るというように変化を加える。

②全選手のうち，6～7割の選
手だけボールを持ってドリブル
する。ボールがない選手は，ボー
ルを持っている選手のボールを
奪い，ふたたびドリブルをつづ
ける。誰が最後までボールを奪
われずにドリブルできるかを競
う。ボールを持っていない選手
は，どの選手のボールを奪って
もよい。
③ボールをコントロールする足
を指定する（利き足だけ，非利
き足だけ，両足自由に）。

【5】 オニごっこ
Part 5
（島オニ）

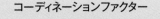

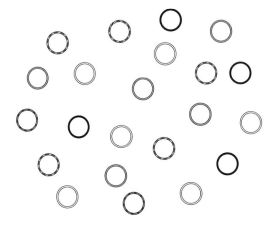

●オーガナイズ────

・20個前後のフープを，それぞれ約50cm間隔でランダムにちりばめる。

・年齢によって，フープの間隔を調整する（低い年代では，間隔を狭める）。

●ルール────

・全員，つねにフープからフープをジャンプで渡り歩いてオニごっこを行う。

・タッチされたオニに，タッチ仕返すことはできない。

●バリエーション────

①フープに入れる時間の制限を設ける（１回あたり５秒までフープに入れる，など）。

【6】オニごっこ
Part 6

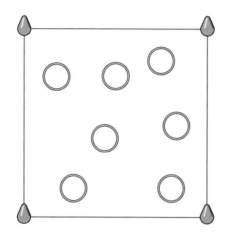

●オーガナイズ
・正方形のコート内に，フープをちりばめる（コートの大きさやフープの数は，プレーする人数によって調節する）。

●ルール
・オニはビブスを片手に持ち，コートの中でできるだけ多くの選手をつかまえる。

・オニにタッチされた選手はビブスを受け取り，すぐさまオニになって追いかける。

・オニはフープ（島）の中にいる選手をつかまえることはできない。

・それぞれフープ内の定員は1人とする。

・他の選手がフープ内に入ってきたら，すぐにフープから抜け出て，オニから逃げる。

・タッチされたオニに，タッチ仕返すことはできない。

●バリエーション
①フープに入れる時間の制限を設ける（1回あたり5秒までフープに入れる，など）。
②選手が気づかないうちに，コーチがフープの数を減らしていく。

【7】オニごっこ
Part 7
(ウサギとハンター—2)

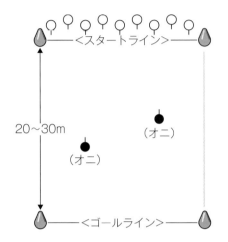

<スタートライン>

20～30m

(オニ)

(オニ)

<ゴールライン>

●**オーガナイズ**
・**図**のように，縦長のコート（縦の長さが20～30m程度）をつくる。
・最初はコートの中にオニになる選手が入り，その他の選手はスタートラインに立つ（コートの広さは選手の人数に応じて変える）。

●**ルール**
・コーチの合図で，全員いっせいにスタートする。関所をうまく通過する要領で，オニにつかまらないよう，反対側のゴールラインを駆け抜ける。
・オニにタッチされた選手は，次のラウンドでオニになる（ラウンドが進むにつれてオニが増

えていく）。
・誰が最後のラウンドまでつかまらずに勝ち残れるかを競う。

●**バリエーション**
①オニ以外の選手は，1人1個ずつボールを持つ。足でドリブルしながら，オニにカットされないように，さまざまなフェイントを駆使してゴールをめざす。オニはドリブルしている選手のボールをカットして，タッチラインの外に蹴り出す。ドリブルする足に制限を加えてもよい（両足で，あるいは右足/左足だけでドリブル）。制限を加えることで，難易度を変えることもできる。
②オニになる選手のスタート時

の状態に変化を加える（例：ゴールラインの方を向いて立つ，地面に座る，うつぶせに寝る，など）。
③オニの選手が動けるエリアを，マーカーコーンで区切って制限する。
④U-6やU-8のカテゴリーなど，小さい子どもの場合には，オニは立って動き回るのではなく，仰向けになり，腕と足で体を支える姿勢でお尻が地面につかないように（クモのように）動きながらボールをカットする。

【8】 オニごっこ
Part 8
(ウサギとハンター3)

コーディネーションファクター

スペーシング タイミング グレーディング
バランス リアクション
コンビネーション

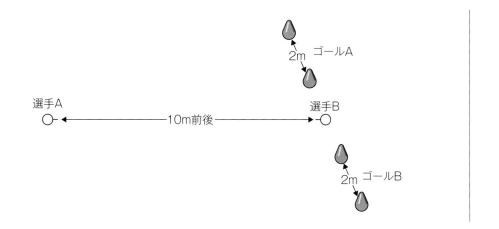

ゴールA
2m

選手A　　　　　　　　　　　　選手B
○ ←————10m前後————→ ○

2m　ゴールB

●**オーガナイズ**────────

・2チームに分かれて勝敗を競う。チームごとに先攻と後攻を決め，プレーする2人の選手は，**図**のように向かい合って立つ。

・Aがウサギ役（逃げる方），Bをハンター役（オニ）とする。

・選手Aと選手Bの距離は，年齢とレベルに応じてさまざまにアレンジする。

●**ルール**────────

・コーチが合図したら，ハンター役のB（オニ）は，できるだけ早くA（ウサギ役）にタッチしてつかまえる。

・AはBにつかまらないようにうまく逃げて，**図**にあるゴールAまたはゴールBを通過できた

ら，Aの勝ち（ポイント）とする。

・一巡したら，オフェンスとディフェンスの役割を交代する。

・できるだけ多くポイントを集め，勝敗を競う。

●**バリエーション**────────

① 2対2で行う（ウサギ2人，ハンター2人）。

②どちらかの選手に有利な条件を与える（例：選手Bは選手Aに背を向けて立つ。コーチが合図したら，すぐにターンしてAをつかまえに行く，など）。

③両選手ともに，ボールを脚でドリブルしながら行う（つねにボールをキープした状態でオニごっこをする。「自分のボール

から2m以上離れたらアウト」などの条件を設定してもよい）。

④ラウンドごとに，順番をシャッフルして相手選手を替える。

【9】オニごっこ
Part 9
(ウサギとハンター4)

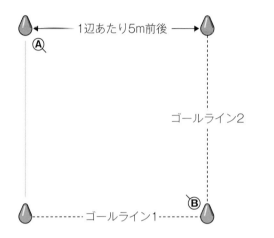

1辺あたり5m前後

Ⓐ

ゴールライン2

Ⓑ

ゴールライン1

●**オーガナイズ**
・2チームに分かれて勝敗を競う。チームごとに先攻と後攻を決め、プレーする2人の選手は、図の位置で向かい合って立つ。
・Aがウサギ役(逃げる方)、Bをハンター役(オニ)とする。

●**ルール**
・コーチが合図をしたら、BはAをつかまえる。Bにつかまらないように、Aがゴールライン1、またはゴールライン2を通過できたら、Aの勝ち(ポイントゲット)とする。
・一巡したら、ウサギ役とオニ役を交代する。
・できるだけ多くポイントを集め、チームで勝敗を競う。

・コーチがスタートの合図をするまで、お互いに背を向け合って立つ、と変化を加えてもよい。

●**バリエーション**
①コーチが合図したら、BはAにボールをパスする。Aが脚でボールに触ったらゲーム開始。Aはドリブルでどちらかのゴールライン通過をめざす。BがAのボールを奪ったら(あるいはコートの外へ蹴り出す)、Bの勝ちとする。
② ①の要領で、Aがボールを所持した状態からゲームを始める(コーチの合図でスタート)。
③ コーチがスタートの合図をするまで、指示された動きを繰り返す(例:ももあげ、など)。

④コーチがスタートの合図をしたあと、両選手ともに1回ターンしてゲームを始める(あるいは前転など)。
⑤ラウンドごとに、順番をシャッフルして相手選手を替える。

【10】オニごっこ
Part10
(ウサギとハンター5)

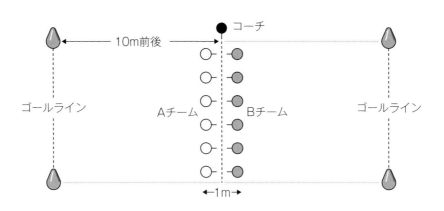

コーチ

◯←10m前後→

ゴールライン　　Aチーム　Bチーム　　ゴールライン

←1m→

●オーガナイズ───────
・2チームに分かれ，図のように中央線をはさんで，それぞれ相手選手と1mほど距離をとり，向かい合って立つ。

●ルール───────────
・Aチームを偶数，Bチームを奇数とする。
・コーチが「3（奇数）」とコールしたら，コールされたBチームの選手がオニ（ハンター役）になり，Aチームの選手（ウサギ役）を追いかけてゴールラインまでにつかまえる。
・オニ（ハンター）につかまらずに，逃げ切ってラインを越えたら，ウサギ役の選手の勝ち。
・セットごとに，オニにタッチ

されずにゴールラインを越えた選手の数をかぞえてチーム得点に加算する。できるだけ多くポイントを集め，勝敗を競う。

●バリエーション───────
①割り算（8÷4＝2・偶数）や掛け算（3×9＝27・奇数），「大晦日＝31（奇数）」などのオプションを加えてもよい。
②コーチにコールされたチームの選手が逃げる（役割を逆にする）。
③Aチームの選手を青，Bチームの選手を白とする。コーチの合図でゲームを始める。コーチが白いマーカーを提示したら，白側のBチームの選手がオニ（ハンター役）となり，チーム

Aの選手（ウサギ役）はオニにつかまらないように，急いで自陣のゴールラインの方へ逃げる。
④コーチの合図の仕方を変える。たとえば，赤のビブスを示したら，赤チームの選手がオニとなる（視覚による反応）。
⑤コーチが合図するまでに体の向きや姿勢を変える（例：お互いに背を向けて立つ，両手を上にのばす，片足立ちで両手を頭の後ろで組む，など）。
⑥1人1個ずつボールを持ち，ドリブルをしながらゲームを行う。

【11】スペーシングゲーム
Part 1

コーディネーションファクター

スペーシング　タイミング　グレーディング
バランス　リアクション
コンビネーション

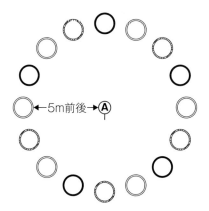

←5m前後→Ⓐ

●オーガナイズ

・図にあるように，数種類の色のフープを円形に並べて，選手Aが中心に立つ。それ以外の選手は，各フープの中に入る。

・青フープを「ポルシェ」，赤フープを「ランボルギーニ」，黄色フープを「フェラーリ」とする。

●ルール

・コーチが「ポルシェ」とコールしたら，青フープ（ポルシェ）に入っている選手は，すぐに自分のフープから出て，他の空いている青いフープを探し，他の選手が入る前にそのフープに入る。

・同じく選手Aも，空いている

フープをすばやく探して入り，フープの中に入れなかった選手は中央に立ち，コーチからのコールを待つ。

●バリエーション

①コーチが「台風」と言ったら，選手全員が自分のフープから出て，他の空いているフープを探す（ただし自分の両隣のフープには入れない）。

②コーチがコールした色のフープに入っている選手が，場所を交代する。

③コーチは「赤，黄色」というように，2色同時にコールする。

④それぞれフープの色によって，「赤：フェラーリ」「青：ベンツ」「黄：ポルシェ」というように，

異なる車の名前でフープを分ける。

⑤ボールを手，または足でドリブルしながら行う。

●ポイント

・フープに入れなかった場合，減点1（マイナス1），というようにゲーム性をもたせることで，トレーニングがよりいっそう盛り上がる。

【12】スペーシングゲーム
Part 2

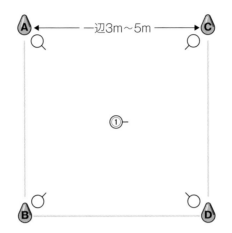

一辺3m〜5m

A　C

B　D

●オーガナイズ

・図のように，コーンを4つ並べて正方形のコートをつくり，5人1組で陣取り合戦を行う。

●ルール

・中央にいる①以外の4選手は，お互いのポジションをチェンジする。

・①はタイミングを見はからい，うまく隙をついて，4隅のポジションを奪う。

・陣地を奪われた選手は，①のいた中央のポジションに入り，ゲームをつづける（陣地を奪われたらマイナス1点）。

・最後にポイントを集計して，マイナスポイントが多い選手を負けとする。

●バリエーション

① 4隅にいる選手は，声を出さずにコミュニケーションし合う（アイコンタクトやボディー・ランゲージなど）。

② 5人全員がボールを所持して，足でドリブルしながらゲームを行う。

③ 5人全員がボールを所持して，バスケットボールの要領でハンドドリブルしながらゲームを行う。

●ポイント

・コーンがない場合は，フープで代用してもよい。

・コーンの間隔が広くなりすぎないように注意する。

・4隅にいる選手がまったく動かない場合には，「コーチ（または中央にいるジョーカー役の選手）が5秒または10秒かぞえるあいだに次の場所へ移らなければいけない」などのルールを加える。

【13】棒（ボー）っとしてると大変だ! Part1

コーディネーションファクター

スペーシング　タイミング　グレーディング
バランス　リアクション
コンビネーション

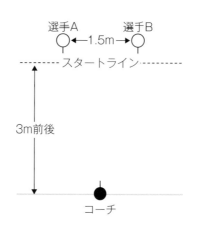

選手A　　選手B
←1.5m→
-------- スタートライン ---------

3m前後

コーチ

●オーガナイズ

・**左図**のように，コーチは2本のスティックを持って立つ。

●ルール

・コーチがスティックを手から離した瞬間，A・Bの両選手はすばやくダッシュして，スティックが倒れる前に手でつかむ（**右図**）。

・スティックをキャッチできた選手の勝ち。

・チームに分けて得点を競うと，よりいっそう盛り上がる。

●バリエーション

① 後ろ向きの状態でスタートする（コーチの合図でターン）。
② コーチがスタートの合図を出すまで，目をつぶった状態で待つ。
③「もも上げをしながら待つ」，あるいは「うつ伏せの状態で待つ」など，スタート時の姿勢をさまざまに変える。

【14-1】棒 (ボー) っとしてると大変だ！ Part 2

コーディネーションファクター

スペーシング　タイミング　グレーディング
バランス　リアクション
コンビネーション

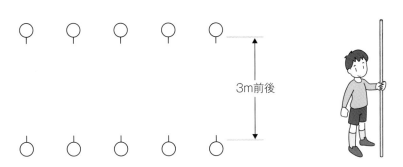

3m前後

●オーガナイズ───

・2人1組でペアをつくり，**左図**のようにそれぞれ味方の選手と向かい合って立つ。

・それぞれ**右図**のように，1人1本ずつスティックを持つ。

●ルール───

・コーチが合図したら，手からスティックを離す。離した瞬間にすばやくターンして，スティックが地面に倒れる前にふたたびスティックをつかむ。

・10回連続でチャレンジして，失敗がいちばん少なかった選手の勝ち。

●バリエーション───

①ターンする方向（右回り，左回り）やスティックをつかむ手（右手，左手）を指定する。

②コーチがスタートの合図をするまで，「目を閉じた状態で待つ」「片足で立った状態から始める」などのオプションを加える。

【14-2】棒（ボー）っとしてると大変だ！ Part3

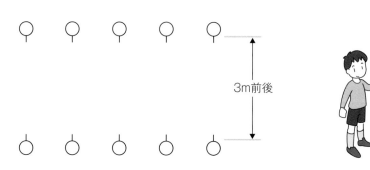

3m前後

●オーガナイズ

・【14-1】と同じ。

・2人1組でペアをつくり，**左図**のようにそれぞれ味方の選手と向かい合って立つ。

・それぞれ**右図**のように，1人1本ずつスティックを持つ。

●ルール

・コーチの合図で，自分が手に持っている棒をそっと離す。それぞれ向かい側にいる味方の選手と急いでポジションをチェンジし，味方の手から離れたスティックが地面に倒れ落ちる前につかむ。

・5回，あるいは10回連続でチャレンジして，いちばん成功回数の多かったペアの勝ち。

●ポイント

・失敗が多い場合は，選手同士の距離を短くし，少しずつ距離を広げていく。

・次のスティックのキャッチばかりに気をとられ過ぎないように，自分が直前まで握っていたスティックが少しでも安定するよう，手放し方に注意する。

【15】棒（ボー）っとしてると大変だ！ Part 4

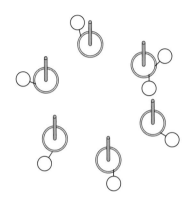

●オーガナイズ
・チームごとの対戦形式でゲームを進める（1チームあたり6〜7人）。
・左図のように円をつくり，それぞれフープの中央にスティックを立てて，右図のようにスティックを片手で持つ。

●ルール
・コーチが合図したら，全員すぐにスティックから手を離して，左隣のフープへすばやく移動し，左隣の選手が直前まで持っていたスティックが倒れる前に，手でキャッチする（時計回りに進める）。

・時計回りに移動しながら，途中で地面にスティックを倒さないように，5回連続成功できたチームの勝利とする。
・慣れてきたら，10回連続にチャレンジする。

●バリエーション
①スティックをつかむ手を指定する（左手で，右手で，両手で）。
②コーチが「ピッ」っと短く笛を吹いたときは時計回りで，あるいは「ピピッ」っと2回短く笛を吹いたときは反時計回りに回るなど，コーチの合図で移動の方向をさまざまに変えてもよい。

●ポイント
・「【14】棒（ボー）っとしてると大変だ！ Part 2」と同様に，選手同士の距離やスティックの離し方に注意する。

【16】リアクション・ダッシュ

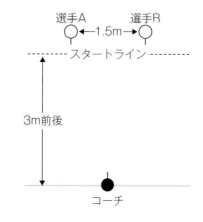

選手A　　　選手R
◯←1.5m→◯
-------- スタートライン --------

3m前後

● コーチ

コーチ

●オーガナイズ

・**左図**のように，コーチはテニスボールを持った両手を左右に広げて立つ。

・AとBの両選手は，**右図**にあるように，コーチの方を向いて間隔をあけて立つ。

●ルール

・コーチは両手に持ったテニスボールを同時に離して，地面にバウンドさせる。

・ボールがコーチの手から離れた瞬間，両選手はすばやくダッシュして，ボールがふたたびバウンドする前（2バウンド）にキャッチする。

・うまくボールをキャッチできた選手の勝ち。

・基本編と同じく，チームごとの対戦形式にしてもよい。

●バリエーション

①コーチがスタートの合図をするまで，「コーチに背を向けて立つ（スタート合図のあとで，すぐに振り向いてダッシュ）」「目を閉じた状態で待つ」「片足で立った状態から始める」などのオプションを加える。

②コーチが「スタート」とコールしたら，両選手はすばやくターンして，それぞれのテニスボール（またはスティック）へとダッシュする。選手がターンして前を向いたあたりのタイミングで，コーチは手からテニスボール（またはスティック）を離す。

【17】ミニハードル・ドリル

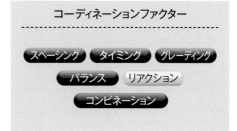

コーディネーションファクター

スペーシング　タイミング　グレーディング
バランス　リアクション
コンビネーション

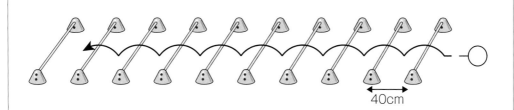

40cm

●オーガナイズ

・8〜10本のミニハードルを，図のように約40cmの間隔で地面に並べる（コーンとスティックやハードルバーでも代用できる）。

●ルール

・選手はハードルに触れないように，いろいろなやり方でハードルの上を駆け抜ける。

・選手の歩幅や課題に応じて，ハードルの間隔を変える。どちらの脚からスタートしてもよい。

●バリエーション

①カリオカステップ（脚を体の前後でクロスさせながら横向きでステップを踏む）で進む。

②ハードルの上を，体の前でそれぞれの脚に交互にタッチしながら進む。

③ハードルの上を，体の前後で脚に交互にタッチしながら進む。

④バリエーション③をハイスピードで，なおかつ正確に行う。

⑤片腕でフープを回しながら，ハードルのあいだを1歩ずつ進む。

⑥両腕でそれぞれフープを回しながら，ハードルのあいだを1歩ずつ進む。

●ポイント

・片脚でのジャンプは，足首や膝への負担が大きいため，右脚・左脚と交互に進むようにする。片脚だけで連続して行うことのないように気をつける。

【18】平均台（ボックス）を使ったエクササイズ

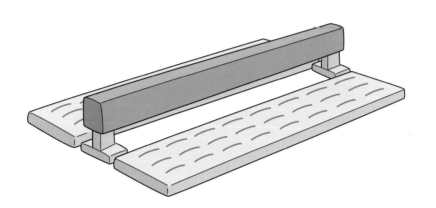

●オーガナイズ

- 平均台を使用する。
- 平均台の下にセーフティーマットなどを敷いて安全面を確保する。

●ルール

- 平均台の反対側でボールを弾ませながら，ハンド・ドリブルで進む（右手で，または左手で）。

●バリエーション

①ボールを平均台の上で弾ませながら，ハンド・ドリブルで進む（基本ドリルと同様に，反対側の手でも行う）。

②平均台の上でバランスをとりながら，手でボールをドリブルして進む。いろいろなボールでチャレンジすることで，筋感覚にさまざまな刺激を与えることができる（バスケットボール，バレーボールなど）。

③バリエーション②の平均台の幅をさらに狭くする。

●ポイント

- 平均台はボックスや台などで代用してもよい。
- 安全面に十分な注意を払いながらトレーニングをすすめる。

【19】長縄ドリル
Part 1
(ジェネラル編)

コーディネーションファクター

スペーシング　タイミング　グレーディング
バランス　リアクション
コンビネーション

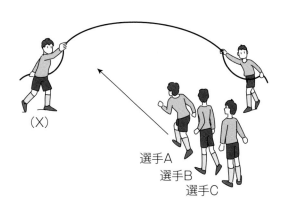

（X）

選手A
選手B
選手C

●オーガナイズ

• 長縄を使用する。待ち時間を少なくするためにも，数本用意することが望ましい。

• 年齢が低い場合には，コーチが縄を回しながら，縄の回転速度を適度に調整する。

●ルール

• 選手Aがタイミングよく回っている縄（**図**のXから見て時計回りに縄を回す）の下をダッシュで駆け抜けたら，つづいて選手B，選手C，と連続して縄の下をダッシュで抜ける。

●バリエーション

①2人ペアになって手をつなぎ，縄に引っかからないようにうまくタイミングをはかりながら，縄の下をダッシュで駆け抜ける。

②バリエーション①の要領で，2人ペアになって手をつなぎ，うまく呼吸を合わせながらタイミングをはかり，回っている縄の中を1回跳んだあと，すばやく縄から抜ける。

③ペアの数を3人，あるいは4人と増やす。ペアになった選手同士で横1列に手をつなぐと，よりいっそう難度が上がる。

●ポイント

• 縄の回し方，あるいは回す方向（右回り/左回り）によって出来具合が左右される。速くなりすぎないように気をつけ，選手が跳びやすいほうで縄を回す。

コラム4：コーディネーション研究との出会い

　日本で大学生だった頃に，私が福島大学で恩師の白石豊教授から教えを受けた「運動学」は，旧東ドイツでバイブルとまで謳われたクルト・マイネルの名著『マイネル・スポーツ運動学』に端を発する運動の理論で，別名「クルト・マイネル運動学」とも呼ばれている。

　『マイネル・スポーツ運動学』が生まれたのは，旧東ドイツ・ライプツィヒの「ドイツ身体文化大学（通称 "DHfK＝デーハーエフカー"）」であり，かつての金メダル大国を支えたスポーツ研究の中枢であったが，1990年の東西統一後には，「ライプツィヒ大学スポーツ科学部」へと名称を変えた。

　それ以外にもライプツィヒは，マイネル教授の退官以降，シュナーベル教授やブルーメ教授らを中心に精力的に行われてきた「コーディネーション研究」でも，知られている。

　私がコーディネーション研究により深くのめり込んでいった大きなきっかけの1つとなったのは，2003年2月に行われた「第1回ライプツィヒ国際集中講座」に参加したことであった。

　午前8時から午後2時までは講義，夕方は各地でトレーニングの視察，さらに夕食後は各種競技の指導者との座談会という，なんとも密度の濃いスケジュールもさることながら，講義の内容はきわめて質の高い，本当にすばらしいものであった。こうして約2週間にわたって行われた講座は，企画者の高橋日出二氏（コレスポ主宰者）による通訳のもと，あっという間に過ぎていった。

　なかでもクリスチャン・ハルトマン博士（ライプツィヒ大学）の講義は，その頃コーディネーション理論を知りたくて仕方のなかった私にとっては長きにわたり切望していた内容であり，講義中のハルトマン博士による一言一句をひたすらノートにとりつづけた。あたかもそれは，乾いたスポンジに水がぐんぐんしみ込んでいくような感じだったと言えよう。そればかりか博士は，私が投げかけたかずかずの質問にも，非常にわかりやすく，なおかつ丁寧に答えてくださった。

　ハルトマン博士が繰り返し説かれたのは，運動の定量的な分析を主流とする，バイオメカニカルな研究法が脚光を浴びつつある今日の運動学研究にあって，かれこれ40年以上も前にクルト・マイネル教授が提唱された，リズムやなめらかさといった運動の質的な把握の重要性について，改めて見直す必要があるということだった。

　これは運動学研究に限ったことではないが，同じドイツ国内とはいえ，学派ごとに見解を180度異にするのは，そう珍しいことではない。

　なお，現在日本に紹介されているコーディネーショントレーニングの方法論は，ライプツィヒ学派のモデルが大半を占めており，5つ，ないしは7つから構成される各コーディネーションのファクターを向上させるためのトレーニングが展開されるという手法である（本書では，

「第4章　ジェネラルコーディネーショントレーニング」で応用）。

　具体的には，「バランス能力を高めるエクササイズ」というように，まずは各能力にスポットが当てられ，そこへ主役である「バランス」的な要素をメインに，具体的な場面を設定したり，動きの内容を織り交ぜていく，という具合である。

表：ドイツにおける情報系トレーニング例

メソッド	出典または参考文献
5つ，または7つのコーディネーション能力 能力コンセプト	本書（第1章，第4章などで応用）
レギュラーモデル（Neumaierら） 要求コンセプト	本書（3章，第5章で応用）
H. Lutzら ライフキネティック	Horst L. (2015). Life Kinetik: Gehirntraining durch Bewegung. BLV Buchverlag. Horst L. (2013). Besser Fuβball spielen mit Life-Kinetik: Das sensationelle. Gehirn-und Bewegungstraining. BLV Buchverlag.
Hossner（モジュールモデル） モジュラーコンセプト	Hossner E.-J. (1995). Module der Motorik-Bausteine des Bewegungs. Schorndorf: Hofmann.
ハイデルベルク学派（Rotら） バルシューレ	木村真知子編著『子どものボールゲーム：バルシューレ』創文企画，2007年.

　このように1970年代の初め頃から，コーディネーションの「能力コンセプト」と呼ばれる理論モデルが旧東ドイツのドイツ身体文化大学で精力的に研究が行われ，育成からトップスポーツに至るまで，スポーツ実践の現場で多岐にわたり応用されてきた。

　一方，かつての旧西ドイツでも，コーディネーション研究は盛んにすすめられてきた。のちに「バルシューレ」の構築に至るハイデルベルク大学のロート教授は，1982年，ライプツィヒ学派による7つのコーディネーション能力とは異なる別の体系論（階層システム論）を発表。具体的には，「すばやさ」と「正確さ」という2つの視点から，4つの基礎的コーディネーション能力を定義している（*注1）。

　　・動きのすばやさを調節する能力

　　・状況の変化に迅速に対応し，動きをすばやく変換させる能力

　　・正確な動きを調節する能力

　　・状況の変化に適確に対応し，動きを正確に変換させる能力

またなかには，旧東ドイツのシステムを名指しで批判する声明も登場する。ノイマイアーは，旧東ドイツ時代からの流れを継承する伝統モデル，すなわち「能力コンセプト」について，「因子分析を駆使した客観的な分析というのは名ばかりで，研究者自身の経験にもとづいた憶測や推論がほとんどであり，いずれも仮説の域を抜けきれていない」と痛烈に批判したうえで，次のように述べている。

　　コーディネーショントレーニングといえば，ドイツ語圏を中心とするスポーツ運動学の分野においては，旧東ドイツのライプツィヒ学派，あるいは学校体育への応用に関する研究で著名な，グライスバルトのヒルツらによる「能力コンセプト」が広く多用されてきた。―（中略）―しかしながら，そうした「伝統モデル」によるトレーニング理論では，負荷コントロールの方法が具体的に示されていないため，結果的に得られるトレーニング効果にも限界があるのではないだろうか。―（中略）―すでに現在のドイツで一般的とされている「コーディネーション能力」の概念にもとづいたトレーニングコンセプトが，各スポーツ種目の専門性までをも十分に考慮したものであるとは言い難い。したがって，そうした従来の方法によって，トップアスリートを対象に専門的なコーディネーショントレーニングを行うのは，非常に困難だと言わざるを得ない。(*注2)

　こうした指摘は，なにもノイマイアーに限ったことではない。つまり，「能力コンセプト」を出発点とした種目独自の専門的なコーディネーショングへの応用の可能性については，異論を唱える研究者やコーチが多いのは確かである。
　長年にわたり，学校スポーツにおけるコーディネーション研究を牽引してきたヒルツ，あるいはその後任にあたるニーバーやグラザウアーらは，「能力コンセプト」の重要性を認めつつも，トップ競技スポーツへの応用編となるエキスパートを対象とする場合には，さらに別の角度からアプローチしていく必要があるとして，「コンピテンツ」という概念をベースに，これまでになかった新たなトレーニングモデルを提案している（詳しくは第3章をご覧いただきたい）。
　本書では，ニーバー＆グラザウアーのコンセプト同様に，年代に応じて「能力コンセプト」「要求コンセプト」「コンピテンツ・コンセプト」を応用実践しており，ぜひご覧いただきたい。

---

*注1　Roth K. (1982). Strukturanalyse koordinative Fähigkeiten. Bad Homburg : Limpert.

*注2　Neumaier A. (1999). Koordinative Anforderungsprofil und Koordinationstraining. Köln : Sport und Buch Strauß GmbH.

第5章

サッカー専門の要素を含んだ
コーディネーショントレーニング

1.技術・コーディネーショントレーニング

第4章で紹介した実践編のジェネラル・コーディネーショントレーニングでは，各エクササイズに必要とされるコーディネーション・ファクターを示したのに対し，専門編となる本章では，それぞれに要求されるコーディネーション・プレッシャー（情報の負荷，およびプレッシャー条件）を図示することにした（コーディネーション・プレッシャーの各エクササイズのバリエーションについては，p.164 〜 p.166の巻末付録を参照のこと）。

年齢とレベルが上がるにつれ，エクササイズの難度が上がるとともに，サッカー特有の内容や条件をふんだんに取り入れた，専門的なコーディネーショントレーニングが中心となる。

p.158の「ここがポイント！【ボールコーディネーション】」では，ボールを用いたコーディネーショントレーニングを紹介している。具体的には，「手でボールを投げて取る」あるいは「リフティングでボールをコントロールする」などが挙げられるが，これら一連のドリルに関しては，動きの内容を言葉で説明することが非常に困難であり，映像による解説のほうが動きの感じやコツを一目瞭然に理解できることから，文章による説明は省略することとした。

さて，これまで何度も述べてきたように，技術・コーディネーショントレーニングの最大のポイントは，「できる技と組み合わせて行うこと」，この1点につきる。つまり，トレーニングの内容が複雑になればなるほど，キックやヘディングなどの技能レベルは，より洗練された状態（いかなる場面においても，ねらったところにシュートやパスができる）にあることが必須なのである。トレーニングの実施に際しては，以下のポイントに注意して行うとよいだろう。

◇さまざまなバリエーションを加えながら，内容を変化させていくと同時に，つぎつぎと難度を上げていく（個々のエクササイズを完璧にマスターすることが目標ではない）。
◇できない場合には，難易度をワンランク下げて行う（たとえば，リフティングを用いたエクササイズの場合には，ボールを地面でワンバウンドさせて行う，あるいは手でボールを投げて行うなどの方法で感覚をつかんだあとで，ふたたび足でのコントロールにチャレンジする）。

まず，本節で紹介するのは，（1）の「ベーシックトレーニング（グリッドゲーム）」である。バスケットの要領でハンドパスするドリルを行ったあとで，キックやドリブル，ヘディングなど，サッカーの専門的な技を用いたトレーニングへと発展していく内容である（オーガナイズは同じ）。

つづいて，（2）の「シュートと組み合わせたトレーニング」，さらには（3）の「ハードルを用いたトレーニング」，そして（4）の「技術的要素をミックスしたトレーニング」というように，最終的には，サッカー特有の状況や条件をふんだんに取り入れた，より専門的な内容へと発展させていく。

本章では，トレーニングごとに，タイプに応じて「ジェネラル・コンテンツ」と「スペシャル・コンテンツ」の２つに分けて表記することにした。なお，それぞれのもつ意味は，以下のとおりである。

●「ジェネラル・コンテンツ」（☆で表示）
　サッカーのみならず，バスケットボールやハンドボール，場合によっては陸上やテニス，卓球，バドミントン，柔道など，すべての競技種目で実践・応用可能なジェネラル（一般的）トレーニング。

●「スペシャル・コンテンツ」（★で表示）
　キックやヘディングなど，サッカーの専門的な技術要素を用いたトレーニング。戦術的な要素を含んだ場合も，これにあたる。

【1】 ヘディングゲーム
Part 1

情報刺激
バランス
視覚　聴覚　筋感覚

プレッシャー条件
時間　正確性　複雑性　状況の変化　ストレス
トランジッション（変換）

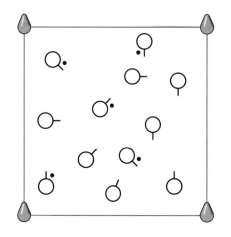

●オーガナイズ
・1辺約10 〜 15m前後のグリッドの中で行う。
・グリッドの大きさ，選手の人数とレベルに応じて変える。
・大まかな目安としては，たとえば12人でプレーする場合には，4 〜 5個のボールを使用する（グリッドの広さやボールの数は，人数に応じて調整する）。
・セットごとの制限時間は，長くても1分以内とする（30 〜 45秒程度がのぞましい）。

●ルール
・ボールを持っている選手は，ボールを持っていない選手を追いかけ，手でボールをふわっと浮かせてタイミングよくヘディングして，ボールを選手に命中させる。
・ボールを当てられた選手は，同じくボールを持っていない選手を追いかけてヘディングでねらう。ゲームが終了した時点でボールを保持している選手の負けとなる（原則として，ボールを当てられた選手に，つづけて当て返すのはナシとする）。
・相手選手がヘディングしたボールをキャッチした場合は，無得点となる（その場合，ヘディングした選手にすぐにボールを

返す）。
・ボールの大きさや種類を変えてもよい（例：バレーボールやミニサッカーボール等を使用する）。

●ポイント
・コートの大きさによって，選手の動きが大きく変わってくる。狭すぎると選手同士がぶつかることが多くなるので気をつける。
・逆にコートが広すぎる場合，ボールの命中率が下がってしまうため，レベルと人数に応じてコートの大きさを変化させながら，選手が最適な広さでプレーできるよう心がける。

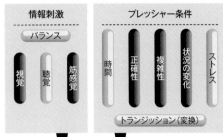

【2】ヘディングゲーム
Part 2

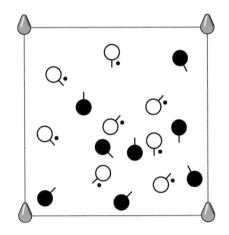

●オーガナイズ
・【1】ヘディングゲーム Part 1と同じ。

・1辺約10〜15m前後のグリッドの中で行う。

・グリッドの大きさ，選手の人数とレベルに応じて変える。

・セットごとの制限時間は，長くても1分以内とする（30〜45秒程度がのぞましい）。

●ルール
・2チームに分かれ（例：6対6あるいは8対8），片方のチームの選手だけ1人1個ずつボールを持つ。

・ボールを持っているチームの選手は，相手チームの選手を追いかけ，タイミングよくヘディングでボールを体に命中させる。

・選手個々の命中回数を合計したものがチームの総得点となる。

・ボールを持っていないチームの選手は，当てられないようにうまく逃げ回る。

・1人の選手に2回連続でボールを当てるのはナシとする（1回命中させたら，次は別の選手を追いかける）。

・ラウンドごとに役割を交代し，

総得点を競う。

●バリエーション
・3チームに分かれ（例：「赤：6人」対「青：6人」対「黄：6人」），全員がボールを1球ずつ持つ。

・赤チームは青チームの選手を，青チームは黄色チームの選手を，黄色チームは赤チームの選手をねらって，それぞれヘディングでボールを命中させる。

・各セットの終了後に，各チームの得点を集計し，順位を決める。

【3】ヘディングゲーム
Part 3

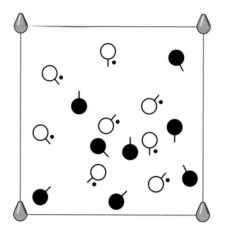

●オーガナイズ

- 【1】ヘディングゲームPart 1と同じ。
- 1辺約10～15m前後のグリッドの中で行う。
- グリッドの大きさ，選手の人数とレベルに応じて変える。
- 大まかな目安としては，たとえば12人でプレーする場合には，4～5個のボールを使用する（グリッドの広さやボールの数は人数に応じて調整する）。
- セットごとの制限時間は長くても1分以内とする（30～45秒程度がのぞましい）。

●ルール

- 2チームに分かれ（6対6あるいは8対8），先攻と後攻を決める。先攻チームの選手が3～4個のボールを保持する。
- ボールを保持している先攻チームの選手は，お互いにハンドパスでボールをつなぎながら，途中でタイミングよくヘディングして，ボールを相手選手の体に命中させる。
- ヘディングの命中回数を合計したものがチームの総得点となる。
- ボールを持っていないチームの選手は，当てられないようにうまく逃げ回る。
- ラウンドごとに役割を交代し，総得点を競う。

- ボールを持ったままの移動は禁止とする（「ボール保持者は3歩までステップ可能」とするといったオプションを加えてもよい）。

●ポイント

- ボールの数や種類（例：サッカーボール以外）を変えることで，ゲーム内容が変化するため，さまざまにアレンジを加える。
- チームごとに作戦会議を設けることで，よりいっそうゲームに深みが加わる。

【4】ハンドパスゲーム
Part 1

情報刺激

バランス

視覚　聴覚　筋感覚

プレッシャー条件

時間　正確性　複雑性　状況の変化　ストレス

トランジッション（変換）

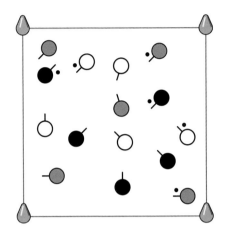

●オーガナイズ

• 1辺約10～15mのコート（広さは人数によって変えていく）のグリッドの中でプレーする。

●ルール

• 3チーム（赤チーム, 黄色チーム, ビブスなしチーム）に分かれる。1チームあたりボール2個を使い（1個はハンドパスで, もう1個は足でパス）同じチームのメンバー同士で動きながらパス交換する。

• 動きを止めないよう, つねにコート内を動き回り, ボールがきたらすばやくキャッチ, または脚でトラップしてすぐにフリーの選手へパスする。

• ハンドパスしているボールを地面に落としたり, トラップミスをしたりしないよう注意しながら, 1人の選手に同時にいくつものボールがいかないよう, つねに周囲の状況を確認しながらプレーする。

●バリエーション

①ボール保持の時間に制限を加え, 時間プレッシャーを設定することで（例：2秒以内に別の選手へパスする）, よりいっそう難度を上げることができる。
②サッカーボール以外にも, バレーボールやバスケットボール, ハンドボールなどさまざまな種類のボールを用いることで, グレーディング感覚（力の入れ具合）を向上させることができる。

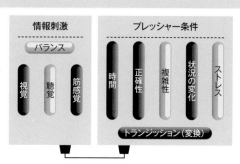

【5】ハンドパスゲーム Part2

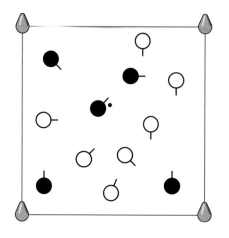

●オーガナイズ────
• 【4】ハンドパスゲームPart 1と同じ。
• 1辺約10〜15mのコート（広さは人数によって変えていく）のグリッドの中でプレーする。

●ルール────
• 2チーム（6対6，あるいは7対7を基本とする）に分かれ，ボール1個を使ってハンドパスゲームを行う。
• 地面に座っている味方にパスして，さらにその選手から戻ってきたボールをキャッチできたら1点獲得，戻ってきたボールを他の味方選手がキャッチできれば2点，戻ってきたボールを

相手チームの選手がキャッチ（パスカット）した場合は，相手チームが3点獲得とする（いずれもパスの途中でボールが地面に落ちてしまった場合は得点にならない）。
• ボールを持ったまま歩けるのは3歩までとする。
• ボール保持者に対する体の接触は不可（空中にあるボール，および相手の体に触れずにボールをカットするのはOK）。
• ボールが地面に落ちたり，パスカットされたりしたら相手ボールになる。

●ポイント────
• 近くにいる選手同士でパス交換を繰り返すと，相手チームからのプレッシャーが集中して得点できないパターンが増えるため，遠くにいる選手へのロングパスをうながす（コート全体を見わたすように，スペーシングを意識させる）。

【6】ハンドパスゲーム
Part 3

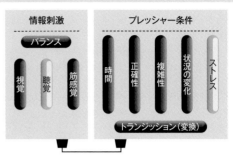

情報刺激 ── バランス ── 視覚 聴覚 筋感覚

プレッシャー条件 ── 時間 正確性 複雑性 状況の変化 ストレス ── トランジッション（変換）

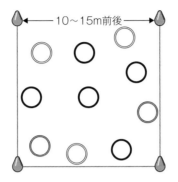

← 10～15m前後 →

●オーガナイズ

• 1辺約10～15m前後のコートの中に，直径1mくらいのフープを8～10個ほどランダムに置く。

• コートの広さやフープの数は，選手の人数とレベルに応じて変える。

●ルール

• 【5】ハンドパスゲームPart 2と同様，2チーム（6対6，あるいは7対7を基本とする）に分かれ，ボール1個を使ってハンドパスゲームを行う。

• フープの中に立っている味方にパスをして，その選手がヘディングで返したボールをふたたびキャッチできた場合には，1点獲得。ヘディングで返ってきたボールを他の味方選手がキャッチできれば，2点獲得とする。

• フープの中に入っている選手がヘディングしたボールを，相手チームの選手がキャッチ（パスカット）した場合は，相手チームが3点獲得とする（いずれもパスの途中でボールが地面に落ちてしまった場合は無効）。

●バリエーション

①ヘディングだけでなく，インサイドボレーやインステップボレーを用いる。

②フープの色によって，技の種類を変える（青フープ：ヘディング/黄フープ：インサイドキック/緑フープ：インステップキック，など）。

③味方同士パスをつなぎながら，フープの中でボールをワンバウンドさせ，ふたたび両手でキャッチできれば1点獲得，バ

ウンドしたボールを自分以外の味方選手がキャッチできた場合は2点獲得とする。ただし，2度つづけて同じフープでの得点は無効とする。

●ポイント

• つねに空いたスペースと味方選手を探しながら，効率よくポイントを奪う。

• 選手同士の身体接触（ボディ・コンタクト）を最小限にとどめる。とくに，フープ内にいる選手に対しては，半径1mほどの距離を保たせるよう気をつける。

• パス回しがスムーズにいくように，選手同士のコミュニケーションを密にとるよううながす（例：パスを要求するときに声を出し合う，など）。

【7】リアクション・シュート
Part 1

★スペシャル・コンテンツ

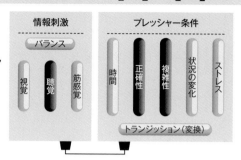

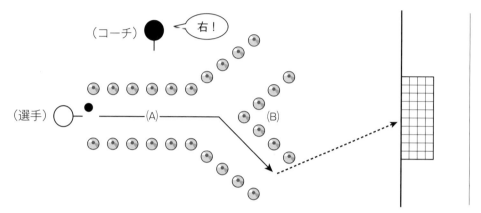

●オーガナイズ

• 図のように，マーカーを用いてY字の通路をつくる。

• ペナルティーエリア内でシュートを打てるように，通路を抜けてシュートを打つ地点からゴールラインまでの距離を10m前後とする（年齢とレベルに応じて距離を調節する）。

●ルール

• コーチは図で示してある位置に立ち，選手がドリブルしながら，左右の分岐点の手前（図中Aのあたり）まできたら，「右」あるいは「左」とコールする。

• たとえば，図のように「右」と言ったら，選手はすばやく反応して右の出口の方へとドリブルし，ゴールへシュートする。

●バリエーション

①コーチがコールした数が偶数の場合は右へ，奇数の場合は左へドリブルしてからシュートする。

②コーチは図の（B）の位置に立つ。選手が分岐点の直前にきたあたりで，コーチは右側，あるいは左側の道をふさぐ。選手はぶつからないようにうまく反応して，空いているほうの通路へドリブルしてからシュートする（視覚による反応刺激）。

③コーチは図の（B）の位置に立つ。選手はコーチが手で合図した方へとドリブルしてからシュートする面につかないよう（クモのように）動きながらボールをカットする。

●ポイント

• ドリブルやシュートの技をしっかりと身につけた段階で行うようにする。

• コーチが道をふさぐ直前に，フェイントをかける（例：行こうとした方向と逆のほうの道をふさぐ）ことで，よりいっそう，難度が上がる。

【8】リアクション・シュート Part 2

★スペシャル・コンテンツ

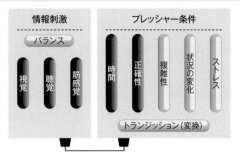

情報刺激			プレッシャー条件				
バランス							
視覚	聴覚	筋感覚	時間	正確性	複雑性	状況の変化	ストレス
			トランジッション（変換）				

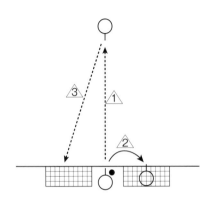

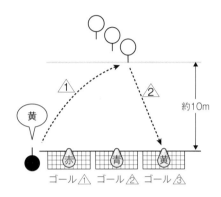

約10m

黄

赤　　青　　黄
ゴール△　ゴール△　ゴール△

●オーガナイズ

・**左図**のようにゴールを2つ用意する。

・ゴールまでの距離は10m前後に設定する。

●ルール

・ボールを出す選手は，ゴールとゴールのあいだからパスして（△），うまくフェイントをかけながら，すばやくどちらかのゴールに入る（△）。シュートする選手は，パスを出した選手がいないほうのゴールにシュートする（△）。

●バリエーション

①コーチが「右」と言ったら，「右」のゴールにシュートする。このとき，ボールを出した選手は反対側のゴール（左）に入る。

②コーチが両ゴールのあいだから浮き球を投げ，コーチが指定した側のゴールにヘディングシュートする。

③上記の①と②でコーチから指示された合図とは逆の方にシュートする（例：「右」と言われたら「左」へシュートする）。

④**右図**のようにゴールを3つ並べる。それぞれにゴールに色のついたコーン（例：赤，青，黄）を置く。ゴールの後ろ，または横から浮き球を投げた瞬間に，コーチはゴールのナンバー（△〜△），あるいは色をコールする。たとえばコーチが「黄色」とコールしたら，選手は黄色のコーンが置いてあるゴール△にヘディングシュートする。

●ポイント

・パスの質によって，シュートの打ちやすさが左右されるため，パスの速度が速くなりすぎないように気をつける。

【9-1】ハードル&シュート・ドリル
Part 1

☆ジェネラル・コンテンツ, 基本編

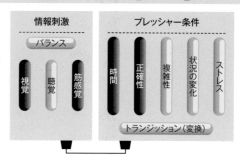

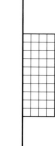

●オーガナイズ

・図のように, 高さ20cmほどのハードルを40～50cm感覚で並べる。

・まずは基本編である【9-1】を行ったあとに, その応用編である【9-2】のドリルへとすすむ。

●ルール

・ハードルの先のあたりに落ちるように, 手に持ったボールを両手で下から上に向かって投げる。

・すぐにハードルをダッシュで駆け抜け, ボールが地面に落ちる前にキャッチする。

・できるだけ多くポイントを集め, チームで勝敗を競う。

●バリエーション（基本編）

①ボールを投げてハードルを駆け抜けながら, 途中で体を1回転（ターン）させてからハードルを抜け出し, 落ちてきたボールをキャッチする。

②ボールをハードルの先に向かってインステップでキックしたら, すぐにハードルをダッシュで駆け抜け, ボールが地面に落ちる前にふたたび手でキャッチする。

●ポイント

・うまくいかない場合には, ハードルの本数を減らして, 最初は2～3本からスタートし, 少しずつハードルの本数を増やしていく。

・最初はボールのキャッチを「ワンバウンド」（または「2バウンド」）から始め, 慣れてきたら「ノーバウンドでキャッチ」とすすめてもよい。

【9-2】ハードル&シュート・ドリル
Part 2

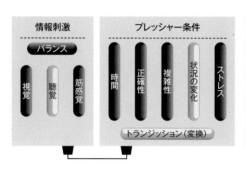
（バリエーション①，③，⑤）

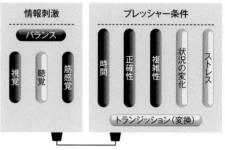
（バリエーション②，④）

●オーガナイズ────
【9-1】と同じ。

●バリエーション（応用編）───
①ボールをハードルの先に向かって投げたら，ハードルをダッシュで駆け抜け，ボールが地面に落ちる前にトラップしたあとに，ゴールへシュートする。
②ボールをハードルの先に向かってインステップキックしたら，すぐにハードルをダッシュで駆け抜けて，ボールをトラップしたあと，地面にバウンドさせてシュートする。
③ボールをハードルの先に向かってインステップキックしたら，すぐにハードルをダッシュで駆け抜けて，ボールをトラッ

プしたあと，地面に落とさずにシュートする。
④リフティングを数回したあとに，ボールがハードルの先に落ちるようにインステップキックしたら，すぐにハードルをダッシュで駆け抜けて，ボールをトラップしたあと，ボールを地面にバウンドさせてシュートする。
⑤リフティングを数回したあとに，ボールがハードルの先に落ちるようにインステップキックしたら，すぐにハードルをダッシュで駆け抜けて，ボールをトラップしたあと，ボールを地面に落とさずにシュートする。

●ポイント────
•ハードルを駆け抜けたあとで，どうしてもボールをうまくコントロールできない場合には，ハードルの本数を減らし，「ワンバウンドしてからコントロールする」というように，うまく難度をコントロールする。

【10】ハードル&シュート・ドリル Part 3

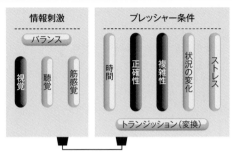

情報刺激
バランス
視覚　聴覚　筋感覚

プレッシャー条件
時間　正確性　複雑性　状況の変化　ストレス
トランジッション（変換）

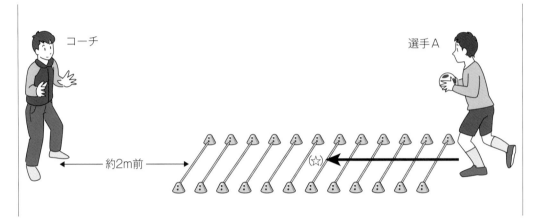

コーチ　　　　　　　　　　　　　選手A

約2m前

●オーガナイズ

・**図**のように，20cm前後の高さでスティック（あるいはハードル）を10～15本ほど等間隔に並べる。

・スティックの2mほど先にコーチが立つ。

●ルール

・選手Aは両手を使ってボールをコーチに投げ，すぐにミニハードルの上をすばやく駆け抜ける。

・Aが図の☆のあたりにきたら，コーチは選手へボールを投げる。Aはミニハードルの上を走りながら，同時にコーチが投げたボールをキャッチしたら，そのままボールを持って残りのミニハードルの上を走り抜ける。

・以上の一連の動作を，途中で動きをストップせずに，スムーズかつ正確に行う。

●バリエーション

①コーチが投げたボールをキャッチしたら，すぐにコーチにリターンパスして，残りのミニハードルの上を駆け抜ける。

②コーチが投げたボールを，ヘディングでコーチにリターンパスして，残りのミニハードルの上を駆け抜ける。

●ポイント

・選手がうまくボールをキャッチできない場合には，走るスピードを下げる，あるいはハードルの間隔を広げるなどして，難度を下げる。

【11-1】バランス系・技術ドリル
Part 1

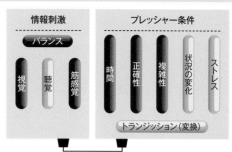

情報刺激
バランス
視覚　聴覚　筋感覚

プレッシャー条件
時間　正確性　複雑性　状況の変化　ストレス
トランジッション（変換）

選手A

選手B

●オーガナイズ
• 平均台，ボールを用意する。
• 安全に考慮して，平均台の下にセーフティーマットを敷く。

●ルール
• 2人1組になり，選手Aは図のようにボールを持って台の上に立つ。
• 選手Bは，3mほど距離をとって，ボールを持って正面に立ち，選手Aに向かってボールを投げる。
• 選手Aは選手Bがボールを投げた瞬間，手に持ったボールを真上に投げ，Bが投げたボールをキャッチし，すばやく選手Aにリターンしたら，うまくバランスをとりながら落ちてきたボールをキャッチする。

●ポイント
• 台の幅と高さによって難度が左右されるため，個々の選手のレベルをうまく見きわめながら，幅の高さと狭さを調節する。
• ボールの種類をさまざまに変えながら（ミニサッカーボール，バレーボールなど），多様な刺激を与えていく。

【11-2】バランス系・技術ドリル Part2

★スペシャル・コンテンツ

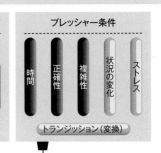

情報刺激
バランス
視覚　聴覚　筋感覚

プレッシャー条件
時間　正確性　複雑性　状況の変化　ストレス
トランジッション（変換）

選手A

選手B

●オーガナイズ
・平均台，ボールを用意する。
・安全に考慮して，平均台の下にセーフティーマットを敷く。

●ルール
・【11-1】バランス系技術ドリルPart 1と同様に，選手Bが選手Aに向かってボールを投げた瞬間，選手Aは，手に持ったボールを真上に投げる。
・選手Aは，選手Bが投げたボールを，ヘディングで選手Bに正確にリターンしたら，落ちてきたボールをうまくバランスを取りながら，すばやくキャッチする。

●バリエーション
①ヘディングのほかに，キック（インサイドボレーやインステップボレー）で選手Bにリターンする。

【12】バランスボール・ドリル
Part 1

●ルール

・スカーフを3枚持ってバランスボールの上に膝立ちする。

・うまくバランスをとりながら，バランスボールの上で3枚のスカーフをジャグリングする。

●バリエーション

①バランスボールの上に両足で立った状態で3枚のスカーフをジャグリングする。

②2人1組になり，選手Aはバランスボールの上に膝立ちした状態で3枚のスカーフをジャグリングする。選手Bは，ボールを持って選手Aの正面に立ち，うまくタイミングを合わせてボールを選手Aに投げる。選手Aはバランスを保ちながら，選手Bが投げたボールをヘディングで返し，ジャグリングをつづける。

③バリエーション②の内容を，バランスボールの上に両足で立った状態で行う。

●ポイント

・ボールを投げるタイミングが重要になるため，選手Bはうまく呼吸を合わせながら，相手の頭をめがけて正確に投げる。

・3枚のスカーフでのジャグリングが難しい場合には，2枚のスカーフでのジャグリングに慣れてから，3枚に挑戦する。

【13】バランスボール・ドリル
Part 2

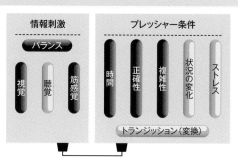

情報刺激 | プレッシャー条件

バランス

視覚 聴覚 筋感覚 | 時間 正確性 複雑性 状況の変化 ストレス

トランジッション（変換）

●ルール

・片手にボールを持ち，バランスボールにうつ伏せで乗る。

・両手両足を浮かせてバランスをとりながら，バスケットボールの要領でハンド・ドリブルする。

・慣れてきたら，目標回数を10回，15回と増やしていく。

●バリエーション

①右手→左手→右手→左手，という具合に交互に持ち変えながらハンド・ドリブルする。

②2人1組でバランスボールにうつ伏せで乗り，1mほど距離をとって向かい合いながら，ボールを地面でバウンドさせてパス交換する（片手で，あるいは両手で）。

●ポイント

・両手両足を浮かせてバランスをとったら，ドリブルするほうの手をすばやく動かして，できる限り短時間のうちに目標のドリブル回数を達成させる。

・全身を浮かせた状態で行うのが難しい場合には，どちらか片方の足を地面につけて行う。

・慣れるまでは，もう1人の選手が腰のあたりを軽く支えるなど，補助をつけて行うとよい。

【14-1】バランスボール・ドリル
Part 3

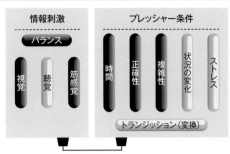

情報刺激

バランス

視覚　聴覚　筋感覚

プレッシャー条件

時間　正確性　複雑性　状況の変化　ストレス

トランジッション(変換)

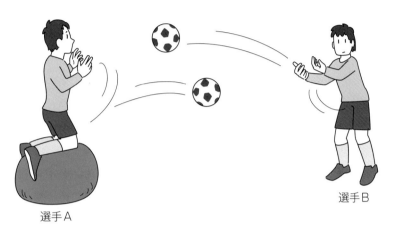

選手A

選手B

●ルール

・2人1組になり，選手Aだけバランスボールに膝立ちで乗り，2mほどの距離をとって向かい合う（各自ボールを1個ずつ持つ）。

・選手Aがバランスをとりながらボールを真上に投げたら，選手Bは選手Aに，バスケットボールのチェストパスの要領でハンドパスする。

・選手Aは，選手Bが投げたボールをキャッチしたあと，すぐにリターンパスする。つづけて，真上に投げていたボールをキャッチする。

●バリエーション

①2人ともバランスボールに膝立ちで乗り，ルールで説明した内容を交互に連続して繰り返す。

②チェストパスだけでなく，地面にバウンドさせたパスを織り交ぜる。

③バランスをとりながらボールを真上に投げたら，選手Bは選手Aの頭のあたりをめがけてボールを投げる。選手Aは，選手Bが投げたボールをヘディングでリターンしたあと，真上に投げていたボールをキャッチする。

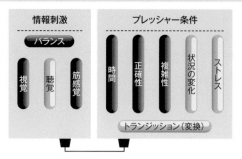

【14-2】バランスボール・ドリル
Part4

情報刺激
バランス
視覚　聴覚　筋感覚

プレッシャー条件
時間　正確性　複雑性　状況の変化　ストレス
トランジッション（変換）

選手B

選手A

ルール（基本バージョン）

選手B

選手A

バリエーション③

●ルール───────
・2人1組になり，選手Aだけバランスボールに背中をつけて仰向けで乗り，選手Bは1mくらい距離をとって選手Aの頭側に立つ。
・選手Aがボールを真上に投げたら，選手Bは選手Aに，バスケットボールのチェストパスの要領でハンドパスする。
・選手Aは，選手Bが投げたボールをキャッチしたあと，すぐにリターンパスして，真上に投げていたボールをキャッチする。

●バリエーション─────
①選手Bが「右」と合図したら右足を，「左」と合図した場合は左足を上げながら，ルールの

内容を行う。
②バリエーション①の逆バージョン。選手Bが「左」と合図したら右足を，「右」の合図では左足を上げながら，同時にルールの内容を行う。
③選手A，選手Bともにバランスボールに背中をつけて仰向けに寝た状態で，ルールを交互に連続して実施する。
④選手Aはボール1個を手に持ち，目をつぶった状態で，壁の方に頭を向けてバランスボールに仰向けで乗る。選手Bが投げたボールが壁に当たった瞬間に選手Aは目を開けて，手に持ったボールを上に投げると同時に，壁に当たったボールをすばやく選手Bに返したあと，真上に投げたボールをキャッチする。

⑤バリエーション④の内容に反応の要素を加える。選手Bがボールを投げた直後に「右」と合図したら右足を，「左」と合図した場合は左足を上にあげながらバリエーション④を行う。
⑥選手Aはボール1個を手に持ち，壁の方に足を向けてバランスボールに仰向けで乗る。選手Bはボールを投げると同時に「右」または「左」とコールする。選手Bがコールした瞬間に，選手Aは手に持ったボールを上に投げると同時に，壁に当たったボールをコールされたほうの足（インステップ）で選手Bに返しながら，真上に投げたボールをキャッチする。

【14-3】バランスボール・ドリル
Part 5

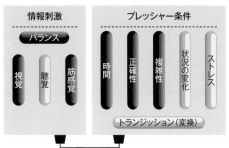

ルール，バリエーション①

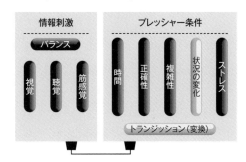

バリエーション②

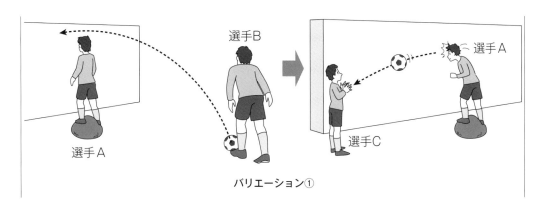

選手B

選手A

選手A

選手C

バリエーション①

●ルール

・2人1組になり，選手Aだけ壁の方を向き，バランスボールの上に立つ。

・選手Bは，選手Aの背後から壁に向かってボールを蹴る。

・選手Aは壁に当たって跳ね返ってきたボールをキャッチする。

●バリエーション

①ルールと同様に，選手Bは壁に向かってボールを蹴る（壁から跳ね返ったボールが選手Aの頭の位置にくるようにコントロールする）。選手Aは壁から跳ね返ってきたボールをヘディングパスで選手Cに渡す。

②選手Bは，選手Aが蹴ったボールが壁に当たるまで目をつ

ぶってバランスボールの上に立つ。壁にボールが当たる音を聞いた瞬間に選手Aは目を開け，跳ね返ってきたボールをヘディングパスで選手Cに渡す。

【15-1】スラックライン・ドリル
Part 1

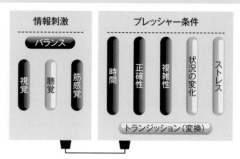

情報刺激
バランス
視覚　聴覚　筋感覚

プレッシャー条件
時間　正確性　複雑性　状況の変化　ストレス
トランジッション（変換）

●オーガナイズ
・スラックラインを使用。2本の支柱に固定して張る（支柱の強度を事前に確認し，安全性を確保してから実施する）。セーフティーマットを引いて着地の安全に気を配る。

●ルール
・スラックラインの上で，うまくバランスをとりながら片足で立つ。

●バリエーション
①うまくバランスをとりながら片足スクワットして，ふたたび元の状態に戻る。
②スラックラインの上を歩いて進む。
③スラックラインの上でバランスをとりながら，両手に持ったボールを交互にドリブルする。
④上記の要領で，バランスをとりながら，3色のスカーフでジャグリングする。
⑤地面の上から，助走をつけてスラックラインに飛び乗り，バランスをとる。
⑥スラックラインの上に乗った状態から，ジャンプして飛び降りながら，両足は地面に着地させつつ，お尻をスラックライン

の上でバウンドさせ，ふたたびスラックラインに戻ってくる（慣れてきたら連続して行う）。
⑦2人1組になり，スラックラインの両端にそれぞれボールを手に持って，片足で立つ。タイミングを合わせて，お互いが持っているボールを交換する（地面でバウンドさせながらボールを交換してもよい）。

【15-2】スラックライン・ドリル Part 2

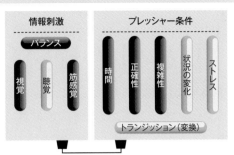

情報刺激	プレッシャー条件
バランス	
視覚　聴覚　筋感覚	時間　正確性　複雑性　状況の変化　ストレス
	トランジッション（変換）

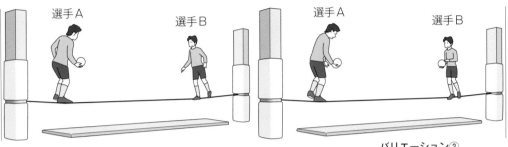

バリエーション②

●オーガナイズ
・スラックラインを使用。2本の支柱に固定して張る（支柱の強度を事前に確認し，安全性を確保してから実施する）。セーフティーマットを引いて着地の安全に気を配る。

●ルール
・2人1組になり，1人はスラックラインの上に片足で立つ。もう一方の選手が投げたボールを，バランスをとりながら正確にリターンする（ヘディング，インサイドボレー，インステップボレー，など）。

●バリエーション
①それぞれスラックラインの両端に立ってバランスをとりながら，選手Aが手に持っているボールを選手Bへ投げる。選手Bはバランスをとりながらインサイドボレーキックでリターンする。

②それぞれスラックラインの両端に立ってバランスをとりながら，お互いに保持しているボールを，相手の足元に向かって投げる。ボレーキックで相手に向かって正確にリターンしながら，同時に相手から戻ってきたボールをキャッチする。

③上記の要領で，お互いに保持しているボールを相手の頭に向かって投げ，それぞれ相手がヘディングしたボールをキャッチする。

③一方は地面でリフティングしながら，タイミングを見はからい，スラックラインの上に立っている選手にパスする。パスがきたら，うまくバランスをとりながら，ボレーキック，あるいはヘディングでリターンパスをして，リフティングパスを繰り返す。

●ポイント
・目線の位置を下げないように，なおかつ遠くを見ながら実施する。

・最初のうちは，倒れたり，足を踏みはずしたりなど，とっさの場合に備えて，体を支える補助役をコーチが行う。

・地面にマットを敷くなど，安全に十分に注意しながら実施する。

・あまり長く乗り過ぎないようにする（30秒前後を目安とする）。

・スラックラインに慣れるまでは，コーチが選手の手を握って補助したり，腕を持ってあげたりしながら，サポートを徹底する。

【16-1】長縄ドリル
Part 1

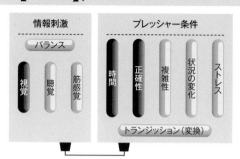

情報刺激			プレッシャー条件				
バランス							
視覚	聴覚	筋感覚	時間	正確性	複雑性	状況の変化	ストレス
					トランジッション(変換)		

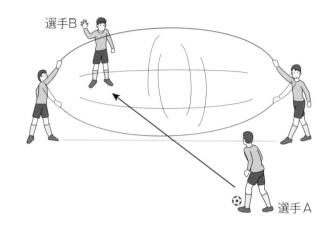

選手B

選手A

●**オーガナイズ**

・図を参照。

●**ルール**

・選手Aは回っている縄に当たらないように，ボールをドリブルしながら縄の下をすばやく駆け抜けて，反対側へ移動する。

・1人の選手が縄の下を駆け抜けたら，すぐに次の選手がトライする。

【16-2】長縄ドリル
Part 2

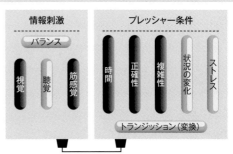

バリエーション①, ③

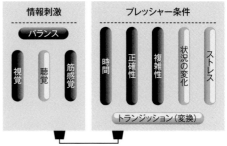

バリエーション②

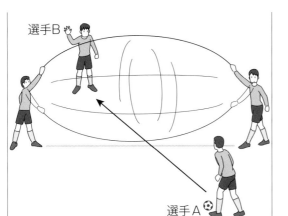

選手B

選手A

●オーガナイズ
・図を参照。

●バリエーション
①選手Aは選手Bへインサイドパスしたら，すぐに縄の下を駆け抜けて反対側へ移動する。選手Aが移動してきたら，選手BはAにリターンパスする。
②バリエーション①の内容に，回っている縄のなかで1回ジャンプする，というオプションを加える。
③選手Aは手に持ったボールを選手Bに投げたら，縄に当たらないように縄の下を駆け抜けて反対側へ移動する（あるいは，一度縄跳びをしたあとで，すばやく縄から抜ける）。選手Bは選手Aに向かってタイミングよくボールを投げ，選手Aはヘディングで正確にリターンする。

●ポイント
・縄の回し方，あるいは回す方向（右回り/左回り）によって出来具合が左右される。速くなりすぎないように気をつけ，選手が跳びやすい方向で縄を回す。

【17-1】長縄ドリル
Part 3

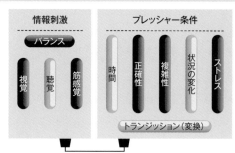

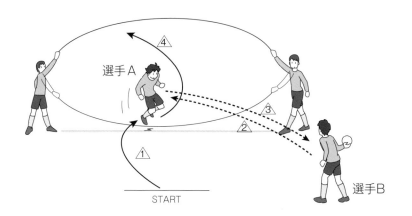

選手A

④

③

②

①

START

選手B

●オーガナイズ
・図を参照。

●ルール
・図のとおり，選手Aは回っている縄のなかに入る（①）。
・Aが縄跳びをしているあいだに，縄の外にいる選手Bがタイミングよくハンドパスする（②）。
・選手Aは縄跳びをしながらボールをキャッチしたら，ふたたび選手Bにリターンパス（③）。
・選手Bへのリターンパスが成功したら，すばやく縄の外へ出る（④）。

●バリエーション
①回っている縄のなかへ，2人で入る（どちらかが手にボールを持つ）。縄にひっかからないように注意して，縄跳びをしながら同時にハンドパスし合う。3～4回パス交換したら，すばやく縄の外へ出る。
②テニスラケットとテニスボールを手に持ったまま，2人同時に回っている縄のなかへ入る。縄に引っかからないよう注意して，縄跳びをしながらテニスのラケットでボールを弾ませつつ，タイミングを合わせてボールをパスし合う。
③回っている縄のなかへ，それぞれボールを1個ずつ持って入る。縄跳びをしながら，タイミ

ングを合わせてお互いのボールをパス交換する。
④回っている縄のなかへ，それぞれボールを1個ずつ持って入る。縄跳びをしながら，選手Bがボールを選手Aに投げた瞬間，選手Aはボールを真上に投げる。つづけて，選手Bが投げたボールをキャッチしてすぐ選手Bにリターンパスしたら，落ちてきたボールをキャッチする。

【17-2】長縄ドリル
Part4

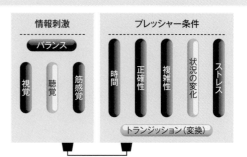

情報刺激			プレッシャー条件				
バランス							
視覚	聴覚	筋感覚	時間	正確性	複雑性	状況の変化	ストレス
			トランジッション（変換）				

選手A　選手B

●オーガナイズ────

・図を参照。

●ルール────

・2人で縄跳びをしながら，ボールを手に持っている選手Aが，選手Bの頭に向かってボールを投げたら，選手Bはうまくヘディングでリターンする。

●ポイント────

・タイミングがカギとなるこのトレーニングでは，ジャンプする際に「ハイ，ハイ」と声を掛けたり，ボールを投げる瞬間に「せーの！」と声を出し合いながら，お互いの動きのリズムを把握することによって，成功率を高めることができる。

●バリエーション────

①選手Bは，選手Aが投げたボールをヘディングで返したら，縄跳びをしながら1回転ジャンプする。このように，「ヘディング→1回転ジャンプ」を交互に繰り返しながら縄跳びをする。

2.フィジカル・コーディネーショントレーニング

フィジカル・コーディネーショントレーニングのポイントとして以下の点が挙げられる。

- チームで競い合う。
- 競争形式で行うことにより,選手は闘争心をかき立てられると同時に,つねにモチベーションが高い状態を維持することができる。
- 動きの正確さとすばやさの両立。
- 急ぐあまり,動きが雑になって課題がこなせなくなることのないように注意しながら,すばやく正確なパフォーマンスの発揮をうながす。
- トレーニングのポイントをおさえる。
- スピード,瞬発力,あるいは筋力や持久力など,エネルギー系の要素とミックスする場合には,エネルギー系トレーニングの手順や決まり事も合わせて順守しなければならない。

【18】ナンバー・ドリル
Part 1

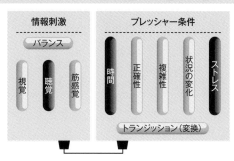

情報刺激　バランス　視覚　聴覚　筋感覚

プレッシャー条件　時間　正確性　複雑性　状況の変化　ストレス　トランジッション（変換）

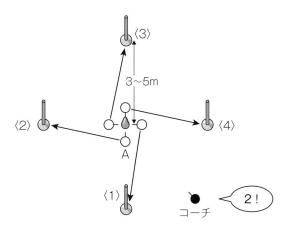

〈3〉

3～5m

〈2〉　　〈4〉

A

〈1〉

コーチ　2！

●オーガナイズ
・図を参照。競争形式で行うスピード・トレーニング。4チームに分かれ，毎回4人ずつ競い合う。

●ルール
・各選手ともに，自分が立っている向きに合わせてナンバー（1，2，3，4）を設定する。たとえば，図の選手Aにとっては，自分の真後ろにあるポールが〈1〉となり，左が〈2〉，向かいが〈3〉，右が〈4〉となる。
・コーチが〈2〉とコールしたら，それぞれ自分にとっての〈2〉のポールへダッシュし，タッチする。

・いちばん最初にポールにタッチした選手の勝ち。
・チームごとにポイントを競う。

●バリエーション
①コーチは〈5〉「スタート」〈1〉などフェイントをかけながら，ある瞬間に〈4〉とコールする。
②数字の代わりに，「東西南北」を割り当てる（例：自分の向かって後ろが南，左が西，真向かいが北，右が東など）。

●ポイント
・選手がポールにタッチした瞬間に，「1位！」とコールすることで，選手のモチベーションが上がり，トレーニングがよりいっそう盛り上がる。
・あくまでもコーディネーション的な負荷による刺激がメインであるため，ポールまでの距離をとりすぎないよう注意する。

【19】ナンバー・ドリル Part 2

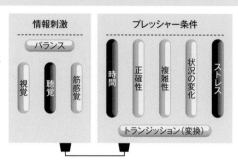

情報刺激
バランス
視覚　聴覚　筋感覚

プレッシャー条件
時間　正確性　複雑性　状況の変化　ストレス
トランジッション（変換）

コーチ　⑥！

●オーガナイズ

・図を参照。競争形式で行うスピード・トレーニング。2チームに分かれ，毎回2人ずつ競い合う。

●ルール

・少し大きめのコーンを図のようにそれぞれ縦1列に並べて，それぞれに1から10まで番号をふる。

・コーチが「6」とコールしたら，両選手はダッシュでコーン⑥へ向かう。

・他のコーンと間違えないようにコーン⑥をタッチしたら，コーチに向かってダッシュする。先にコーチの手にタッチしたほうが勝ち。

・間違った数字のコーンをタッチした場合は，無効（負け）となる。

・チームでポイントを競う。

●バリエーション

①コーチは「3，9」というように2つの数字をコールする。選手はコーン△，コーン△の順にタッチして，コーチのもとへダッシュする。

②コーチは①と同様，「3，9」というように2つの数字をコールする。最初は自分のレーンのコーン△にタッチしたら，つづけて反対側のレーン（相手選手側）のコーン△にタッチして，コーチのもとへダッシュする。このとき，相手選手にぶつからないように注意する。

③「17」（最初にコーン△にタッチして，次にコーン△にタッチ）というように，コールの仕方にバリエーションをもたせる。

【20】競争スプリント
Part 1

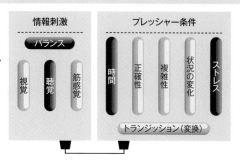

情報刺激
バランス
視覚 聴覚 筋感覚

プレッシャー条件
時間 正確性 複雑性 状況の変化 ストレス
トランジッション（変換）

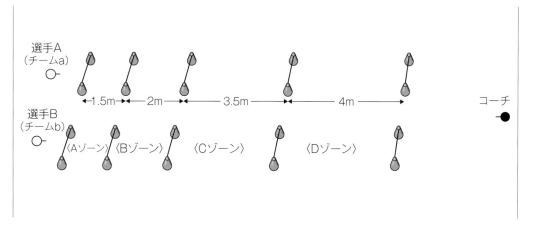

選手A
（チームa）

←1.5m→←2m→←—3.5m—→←———4m———→

コーチ

選手B
（チームb）

〈Aゾーン〉 〈Bゾーン〉 〈Cゾーン〉 〈Dゾーン〉

●オーガナイズ――――
• 図のように，ハードル間の距離をさまざまに設定する。

●ルール――――――
• 2チーム（チームa/チームb）に分かれ，毎回2人ずつ競い合う。
• コーチが合図したら，すばやく巧みにハードルを飛び越えてダッシュする。
• 先にコーチにタッチしたほうの勝ちとする。
• チームでポイントを競う。

●バリエーション――――
①両選手ともに，各ゾーンごとに決められた歩幅ですすむ（例：図のAゾーン・1歩/Bゾーン・1歩/Cゾーン・3歩/Dゾーン・3歩など）。
②「1つ目のハードル以外はバーをすべて外してハードルをなくす」というように，ハードルの設置をさまざまにアレンジする。
③各ゾーンの幅をさまざまに設定する（例：Aゾーン・2m/Bゾーン・4m/Cゾーン・3m/Dゾーン・1mなど）。

●ポイント――――――
• フィジカル的な負荷が高めのトレーニングであるため，肉体的コンディションがよい状態のときに行うようにする。

【21】競争スプリント
Part 2

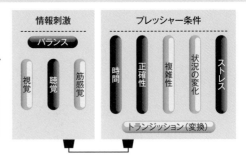

バリエーション（ドリル）①，②，③

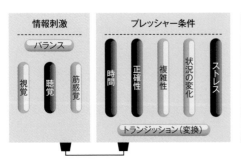

バリエーション（ドリル）ドリル④，⑤　　バリエーション（ドリル）ドリル⑥，⑦

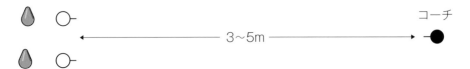

図1

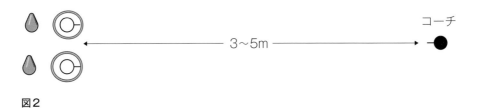

図2

図3

コーチ

←——————— 3〜5m ———————→

●**オーガナイズ**————
・図を参照。競争形式で行うトレーニング。
・2チームに分かれ，毎回2人ずつ競い合う。

●**ルール**————
・コーチが合図したら，指示された各ドリルの課題を正確にこなしたあとで，コーチに向かってダッシュする。
・コーチに先にタッチしたほうが勝ち。
・チームごとにポイントを競う。

●**バリエーション（ドリル）**——
①両選手の1m後ろにそれぞれコーンを1つ置き，コーチの方向を向いて立つ（**図1**を参照）。コーチが合図したら，すぐにターンしてコーンをキックしたあと，コーチのもとへダッシュする。
②コーチの方向を向いて立つ選手のすぐ後ろに，それぞれコーンを置く。コーチが合図したら，前を向いたまま両足を広げて，コーンの上をまたぐように後ろへジャンプする。着地したらコーンを左右どちらかに交わしてダッシュする。
③**図2**のように両選手ともにフープの中に入って立ち，ドリル②のように両選手のすぐ後ろに，それぞれコーンを置く。コーチが合図したら，すぐにバックステップで後ろのコーンをぐるっと回り，フープの中をくぐり抜けてコーチのもとへダッシュする。
④ミニハードルの手前のフープ内に，片足（右足，または左足）で接地してハードルを飛び越え，コーチのもとへダッシュする（**図3**）。
⑤ミニハードルの手前のフープ内に，両足同時に接地してハードルを飛び越え，コーチのもとへダッシュする（**図3**）。
⑥ミニハードルの手前のフープ内に，両足同時に接地してハードルを飛び越えたあと，ふたたび後ろに両足でジャンプし，さらにもう1度フープ内に両足で1回接地してからミニハードルを飛び越え，コーチのもとへダッシュする（**図3**）。
⑦ミニハードルの手前のフープ内に，片足で接地してハードルを飛び越えたあと，ふたたび後ろに片足でジャンプし，さらにもう1度フープ内に片足で1回接地してからミニハードルを飛び越え，コーチのもとへダッシュする。一連の動作を，すべて同じ足で行う（**図3**）。

●**ポイント**————
・速さを追求するあまり，動きの正確さがおろそかにならないよう，気をつける。

【22】競争スプリント Part3

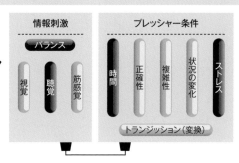

情報刺激
バランス
視覚　聴覚　筋感覚

プレッシャー条件
時間　正確性　複雑性　状況の変化　ストレス
トランジッション（変換）

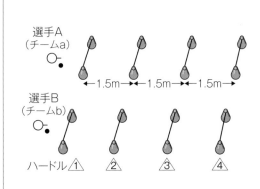

選手A
（チームa）

←1.5m→←1.5m→←1.5m→

選手B
（チームb）

ハードル①　②　③　④

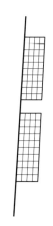

●オーガナイズ────────

・図のように，それぞれのレーンの先にゴールを1つずつ設置する。

●ルール────────

・コーチが合図したらスタートする。

・それぞれボールを手に持ち，ハードルの上を飛び越える（ハードル①とハードル④はバーを外して，最初は2本のハードルを使う）。

・ハードル④を飛び越えたら，手に持っているボールをシュートする（パントキック，あるいはドロップキックの要領で）。

・先にゴールネットを揺らしたほうの勝ちとする。

・チームでポイントを競う。

●バリエーション（ドリル）──

①4本のハードルを使う。すべてのゾーンで1歩ずつ着地してハードルを飛び越えたら，手に持っているボールをシュートする（ハードル間の距離をさまざまに変化させて，それぞれに歩数を指定すると難度が上がる）。

②各ゾーンに1個ずつフープを置く。選手は必ずフープ内に着地してすすみ，ハードル④を飛び越えたら，手に持っているボールをシュートする（フープに着地する脚を「右足」「左足」，または「両足で同時にジャンプ」というように指定すると難度が上がる）。

③1本目と4本目のハードルだけを使う。コーチが合図したら，

ドリブルでスタートする。選手はハードルをジャンプすると同時に，ボールはハードルの下をくぐらせてすすむ。このとき，各ハードル間で必ずボールにタッチする。最後のハードルを飛び越えたら，すぐにゴールへシュートする。先にゴールネットを揺らしたほうの勝ちとする（ゴールがない場合は，先に壁にボールを当てたほうを勝ちとする）。

④コーチの合図とともにドリブルでスタートしたら，すぐにインサイドでボールをキックし，ハードルの下をくぐらせると同時に，すばやくハードルをジャンプして進む。ハードル④を飛び越えた時点で，ボールがハードル④の下を通り越していたら，ゴールへシュートすることができる。先にゴールネットを揺らしたほうの勝ちとする。

●ポイント────────
・課題の内容が難しくなるにつれ，ドリブルやキックの正確性と絶妙な力加減（グレーディング）がカギとなる。
・【21】競争スプリントPart2と同様，速さを追求するあまり，動きの正確さがおろそかにならないよう気をつける。

137

【23】競争スプリント
Part 4

★スペシャル・コンテンツ

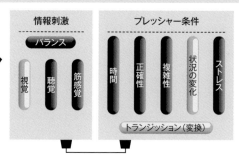

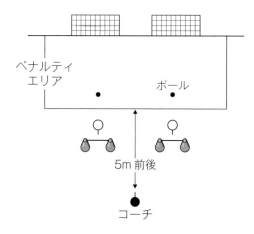

ペナルティ
エリア

ボール

5m 前後

コーチ

●オーガナイズ──────

・図を参照（最初に紹介する基本バージョンでは，ハードルは使用しない）。

●ルール──────

・コーチが合図したら，選手はすばやくターンして，それぞれのゴールにシュートしたあと，コーチのもとへダッシュする（ゴールへ確実にシュートすることが条件となる）。

・シュートを外した選手は，ダッシュの勝敗にかかわらず負けとする。

●バリエーション──────

①シュートをしたあとに，ハードルの課題を加える。コーチの合図とともにゴールへシュートしたあとで，すぐにハードルを飛び越えて，コーチのもとへダッシュする。

②「シュートを外した選手は，コーチのもとへダッシュせずに，自分が蹴ったボールを全速力で拾いに行く」というオプションを加える（メンタルプレッシャーの度合いをさらに上げる）。

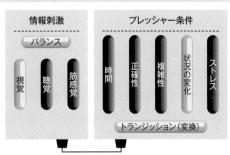

【24】競争スプリント
Part5

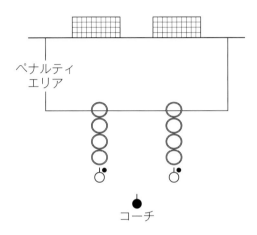

ペナルティ
エリア

コーチ

●オーガナイズ─────

・図を参照。

・競争形式で行うトレーニング。2チームに分かれ，毎回2人ずつ競い合う。

●ルール─────

・コーチが合図したら，ボールを両手で持ったままフープの上をダッシュする。

・最後のフープを抜けたら，すぐにゴールへシュートする（パントキックで，またはドロップキックで）。

・先にゴールネットを揺らした選手が勝ち。

●バリエーション─────

①コーチが合図したら，選手は手に持ったボールを，それぞれのフープで毎回1バウンドさせて進む。最後のフープでボールをバウンドさせたら，すぐにゴールへシュートする（パントキック，またはドロップキックで）。

②【23】競争スプリントPart4と同様に，「シュートを外した選手は，コーチのもとへダッシュせずに，自分が蹴ったボールを全速力で拾いに行く」というオプションを加える（メンタルプレッシャー）。

【25】 ジャンプ・コーディネーション Part 1

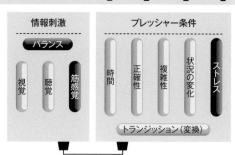

●オーガナイズ

・図のようにフープを並べ，フープ間の距離を少しずつのばしていく。

・フープの個数，間隔は年齢とレベルに応じて調節する。

●ルール

・フープからフープをリズムよくダイナミックにジャンプする。

●バリエーション

①右レーンのフープは左足で，左レーンのフープは右足で，ジャンプする。

●ポイント

・フィジカル的な負荷が高めのトレーニングであるため，肉体的コンディションがよい状態のときに行うようにする。

・身長にばらつきがある場合には，フープの間隔が広いレーンと短いレーンの2つを用意する。

・最後まで行き着かない選手に対しては，フープの間隔が短い方でチャレンジさせたり，あるいは選手の脚がフープに設置する瞬間に，「ハイ，ハイ，ハイ」と手を叩きながらリズムをとってリードする。

【26】ジャンプ・コーディネーション Part 2

☆ジェネラル・コンテンツ

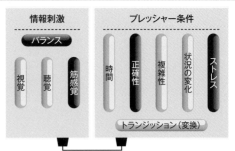

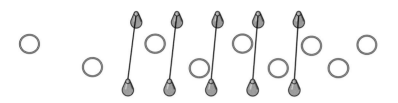

●オーガナイズ

・図のようにフープを並べ，途中にミニハードルを設置しながらフープ間の距離を少しずつのばしていく。

●ルール

・ハードルにひっかからないように，フープからフープをリズムよくダイナミックにジャンプする。

●バリエーション

①それぞれのフープごとに，ジャンプする足を指定する（例：右レーンのフープは左足で，左レーンのフープは右足でジャンプする，など）。
②ハードル間のフープの数を増やしたり，間隔をさまざまに変えたりする。

【27】トランポリンドリル

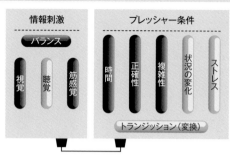

情報刺激
- バランス
- 視覚
- 聴覚
- 筋感覚

プレッシャー条件
- 時間
- 正確性
- 複雑性
- 状況の変化
- ストレス
- トランジッション（変換）

●オーガナイズ
・トランポリンを使用する。安全に配慮して，トランポリンの周囲にセーフティーマットを敷き詰める。

●ルール
・空中にジャンプしているタイミングでボールをキャッチし，トランポリンに着地する前にリターンする。

●バリエーション
①ジャンプ動作を繰り返しながら，指示（4パターン）に応じてボールを返球する。
　"返す"（手でキャッチ）
　"手"（ヘディングで返す）
　"ヘディング"（手でとる）

　"とる"（リターンする）
②トランポリンの上を膝立ちでジャンプしながら，指示（2パターン）に応じてボールを返す。
　"手"（ヘディングで返す）
　"ヘディング"（手でとる）
③ジャンプ動作を繰り返しながら，ボレーキックで返球する。
④ジャンプ動作を繰り返しながら，ボールを上に投げると同時に，もう1個のボールをすばやくリターンパスして，上から落ちてきたボールをキャッチする。
⑤ジャンプ動作を繰り返しながら，ボールを上に投げると同時に，もう1個のボールをすばやくヘディング，またはボレーキックで返球して，上から落ちてきたボールをキャッチする。

●ポイント
・トランポリンのジャンプ動作が基本にあるため，ボールの動きに気をとられすぎると，ジャンプ動作がおろそかになってしまうため，腕をしっかりと動かして跳躍の高さを一定に保ちながら，同時にボール操作を行う（トランポリンの基本動作を習得したあとにボール動作を組み込む）。
・フィジカル的な負荷も考慮しながら，短い時間で各セッションを終える。

【28】柔軟性・バランスをミックスしたドリル

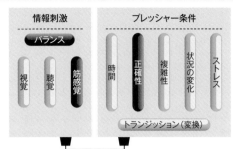

情報刺激
バランス
視覚　聴覚　筋感覚

プレッシャー条件
時間　正確性　複雑性　状況の変化　ストレス
トランジッション（変換）

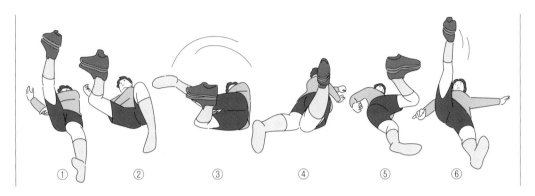

①　②　③　④　⑤　⑥

●オーガナイズ

・シューズを2足使用する。サッカーのスパイクでは，シューズの底と底を重ねた際にでこぼこしていて安定しないため，ソールがフラットな室内シューズを選ぶのがのぞましい。

●ルール

・図①のように仰向けになった状態で，片方の足の上に，もう片方の靴をのせる。

・のせた靴を落とさないように，ゆっくり足と体を回して仰向けの状態になる（図②，③，④）。

・のせた靴を落とさないように気をつけながら足を旋回させる

と同時に（図⑤），体（体幹）を巧みにひねりながら，元の仰向けの状態に戻ってくる（図⑥）。

●バリエーション

①反対のほうの足に靴をのせて行う。

②両足に靴を履いた状態で，それぞれの足に別の靴をのせて行う。

③①を裸足で行う。

④裸足の状態で，両足の裏にそれぞれ靴をのせて行う（図②，③，④は上級者向けの高難度ドリル）。

●ポイント

・股関節まわりや膝関節のやわらかさ，あるいはしなやかさなどが要求されるため，下半身のストレッチを入念に行っておく。

・なかなかうまくいかない場合には，靴と靴のあいだにバインダーを挟んで接地面を広げたり，のせている靴の中にテニスボール等を入れたりするなど，安定した状態で行うことで，動きの間隔をつかむことができる。慣れてきたら，バインダーやボールがない状態でチャレンジする。

（＊オーストリア国立スポーツ科学センター主催の「コーディネーショントレーニング」をテーマにしたセミナー（2005年6月18日）において，Gerhard Zallinger博士（FKオーストリア・マグナ/コンディショニングコーチ）が行った実技デモンストレーションを参考）

【29】平均台ドリル

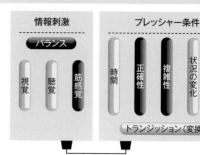

情報刺激	プレッシャー条件
バランス	
視覚　聴覚　筋感覚	時間　正確性　複雑性　状況の変化　ストレス
	トランジッション（変換）

●オーガナイズ
・平均台を使用する。安全に配慮して，平均台の周囲にセーフティーマットを敷き詰める。

●ルール
・平均台の上を，両手でフープを回しながら歩く。

●バリエーション
①平均台の上に片足で立ち，片手でフープを回しながら，ボールをボレーキックで返球する。
②平均台の上に片足で立ち，両手でそれぞれフープを回しながら，ボールをボレーキックで返球する。

●ポイント
・フープを動かす手の動きに気をとられすぎると，バランスで姿勢を保つのが難しくなるため，フープを回す動作を自動化させて，ボールの返球に注意を向けるとよい。
・ボレーキックで返球するボールの質（精度）にこだわる（あらかじめ，「胸のあたりに返球する」など，目標を決めておく）。

3.戦術・コーディネーショントレーニング

現代サッカーにおいては,「すばやい攻守の切り替え」,すなわちボール奪取後のカウンター攻撃がとりわけ重要な意味をもつことは,これまで述べたとおりである。こうしたことから本節では,「トランジッション（変換)」をメインテーマにした戦術・コーディネーショントレーニングを中心に紹介することにする。

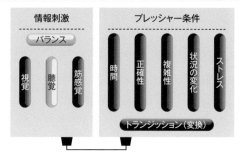

【30】ヘディング・シュートゲーム

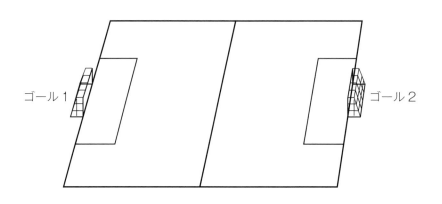

ゴール1　　　　　　　　　　　　　　　　　　　ゴール2

●**オーガナイズ**
• 横20〜25m×縦25〜30m くらいの幅のコートをつくり，それぞれのゴールラインにゴールを1つずつ置く。

●**ルール**
• 2チーム（6対6，あるいは7対7など）に分かれ，ハンドパスでボールをつなぎながら，最後にヘディングでゴールへシュートする。
• パスをカットされたり，ボールが地面に落ちたら，相手チームのボールになる。
• ボールを持って歩けるのは3歩までとする。
• 選手同士の身体の接触（ボディコンタクト）はナシ。

●**バリエーション**
①パスをもらった選手へのリターンパスはナシとする。
②ビブスの色を増やした状態でゲームする。例：4色のビブス／Aチーム（赤・黄色）対Bチーム（青・白），または6色のビブス／Aチーム（白・青・黄色）対Bチーム（赤・緑・紫）など。

●**ポイント**
• パスを出す際に判断が遅れて時間をロスしたり，パスミスのケースが目立つ場合には，ビブスの色の数を減らして，可能な限りスピーディーなゲーム展開を維持するように心がける。

【31】3色のビブスを用いたハンドパスゲーム

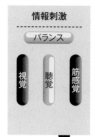

情報刺激
バランス
視覚　聴覚　筋感覚

プレッシャー条件
時間　正確性　複雑性　状況の変化　ストレス
トランジッション（変換）

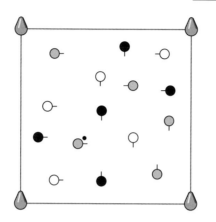

●オーガナイズ

- 1辺約20m前後のコートをつくる（コートの大きさは，選手の人数とレベルに応じて調節する）。
- 3チームに分け，それぞれ違う色のビブスを着用する（例：赤・黄・青の3チームなど）。

●ルール

- 2チームの選手がペアになってボールをハンドパスで回し，残りの1チームの選手は，ディフェンスとしてボールを奪いにいく（例：1セット目は赤・青チームがペアになってオフェンス，黄チームがディフェンスというように，セットごとにディフェンス役になるチームを交代する）。

- 10回パスをつないだら1点とする。
- 選手同士の身体の接触（ボディーコンタクト）はナシとする。

●バリエーション

①ディフェンス役のチーム（例：黄チーム）が赤チームからボールをカットしたら，ボールを失った赤チームがすぐディフェンス役にまわってボールを奪いにいく。ボールをカットした黄チームは，すぐさま青チームとペアになり，オフェンス役として青チームとともにボールをパス交換する。ボールを地面に落とした場合も，落としたチームがディフェンスとなる。
②「同じ色のビブスの味方には

パスできない」あるいは「パスを受けた味方選手へのリターンパスはナシ（つねに違う色の味方選手へパス）」などの制限を加える。
③足でパスする（選手のレベルに応じて，ボールタッチの制限数を変える）。

●ポイント

- あくまでも情報系の刺激（コーディネーション的な負荷）がメインであるため，セットごとの時間を短く設定し（例：60秒で1セットなど），合わせてコートを広げすぎないようにする。

【32】4色のビブスを用いたハンドパスゲーム

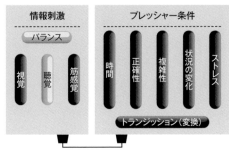

情報刺激

バランス

視覚　聴覚　筋感覚

プレッシャー条件

時間　正確性　複雑性　状況の変化　ストレス

トランジッション（変換）

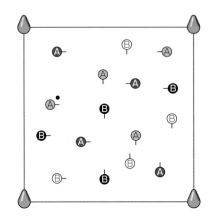

●オーガナイズ―――――

・1辺約20m前後のコートをつくる（コートの大きさは，選手の人数とレベルに応じて調節する）。

・Aチーム（赤4人・黄4人）対Bチーム（白4人＋青4人）というように，同チームのメンバーもそれぞれ違う色のビブスを着て2チームに分かれ，バスケットボールの要領でハンドパスする（図参照）。

●ルール―――――

・パスカット，またはボールが地面に落ちたら相手ボールとなる。

・選手同士の身体の接触（ボディーコンタクト）は，ナシとする。

・10回ハンドパスをつないだら1点，というようにゲーム性をもたせることで，選手のモチベーションがさらに高まる。

・セットごとの時間は40秒〜1分前後くらいが好ましい。

●バリエーション1―――――

①「違う色のビブスの味方にパスする」あるいは「パスを受けた味方選手へのリターンパスはナシ」などの制限を加える。

②味方選手がパスしたボールをキャッチするパスを受ける際に，必ずジャンプした状態で，空中でボールをキャッチする。

③Aチーム（赤3人・黄3人・紫3人）対Bチーム（白3人＋青3人＋緑3人）というように，6色のビブスを用いると，難度がぐっと上がる。

●バリエーション2―――――

①Aチーム（赤4人・黄4人）対Bチーム（白4人＋青4人）というように，同チームのメンバーもそれぞれ違う色のビブスを着て2チームに分かれ，サッカーのパスゲームの要領で，脚でパスする。

②タッチ制限を加える（3タッチ以内，など）

【33】 1対1

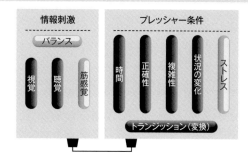

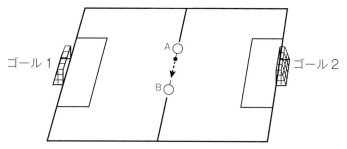

ゴール1　　　　　　　　　　　　　ゴール2

●オーガナイズ

- 横20〜25m×縦25〜30m くらいの幅のコートでプレーする。
- ゴールを2つ用いる(**図**参照)。

●トレーニング方法

- ペナルティーエリア×2の大きさのコート内に2人で向かい合い，インサイドキックでパス交換する。
- コーチが合図(笛や声による「スタート」の指示)した瞬間にボールを持っている選手A，はゴール1の方向へドリブルしてシュートする。
- 選手Bはディフェンス役として，選手Aの攻撃を阻止する。
- ボールがコートから出たり，ディフェンス役の選手Bがボールをカットしたら終了。

●バリエーション

①「選手Aがオフェンス時にはゴール1へ，また選手Bがオフェンスのときはゴール2へシュート」というように，あらかじめ攻撃の方向を設定しておく。
②オフェンスになった選手は，攻撃の方向(ゴール1または2)を自由に選択できる。
③コーチのスタートコールが「1」の場合はゴール1へ，「2」の場合はゴール2を攻撃方向とする。
④「ディフェンス側の選手はターン(体を1回転させる)または1回スクワットジャンプしてからスタート」とすることで，オフェンス側の選手に与えられる時間やメンタルプレッシャーなどの情報的負荷，すなわちコーディネーション・プレッシャーを軽減させることができる。

●ポイント

- 戦術系の要素と組み合わせる場合には，技術・コーディネーショントレーニングと同様に，すでに獲得した戦術と組み合わせて行うことが大前提となる。このトレーニングの場合では，1対1の状況に適した個人戦術の約束事が守られている必要がある(1対1の個人・グループ戦術における攻撃側の約束事)。
- 最短ルートでゴールへ向かう(余計なドリブルで時間をロスしない)。
- シュートでフィニッシュする(可能な限りゴールを奪うなど)。そのため，たとえばボールを保持している選手がドリブルに必要以上に時間をかけている場合には，すぐにストップをかけて戦術面の修正を行う。

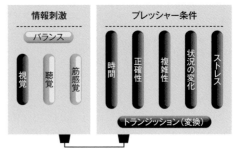

【34】2対1
Part 1（視覚刺激）

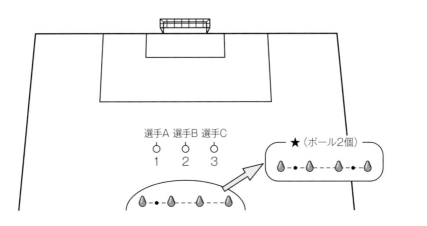

選手A 選手B 選手C
1　2　3

★（ボール2個）

●オーガナイズ──────
・図を参照。

●ルール──────
　（ボール1個使用）
・3人の選手はコーチの合図が
あるまで，ゴールの方向を向い
て待つ。
・コーチが合図したら，3人の
選手はすぐにターンして，ボー
ルの位置を確認する。
・自分のレーンにボールがある
選手（図では選手A）がディフェ
ンスになる。
・選手Bあるいは選手Cは，す
ぐにボールを取りに行き，2対
1を始める。

●バリエーション──────
　（ボール2個使用）
①オフェンス側の2人は，ボー
ルを1人1個ずつ所持して2対
1を行う（ボールを2個使用）。
ボール1個を使用した2対1の
内容と同様に，選手はコーチの
合図があるまで，ゴールの方を
向いて待つ。コーチの合図とと
もにターンして，ボールの位置
を確認する。自分のレーンに
ボールがない選手がオフェンス
になる（図の★では，選手Bが
ディフェンス）。オフェンス役
となる選手Aと選手Cは，すぐ
にボールを取りに行き，2対1
を始める。

●ポイント──────
・1対1と同様，個人およびグ
ループ戦術の約束事がしっかり
と守られているかどうか注意し
ながら，トレーニングをすすめ
ていく。

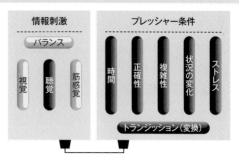

【35】2対1
Part 2（聴覚刺激）

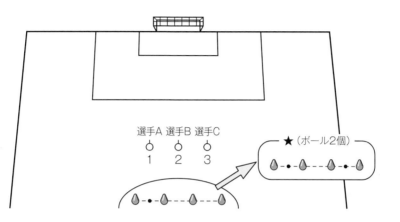

選手A 選手B 選手C

1　2　3

★（ボール2個）

●オーガナイズ

• 図を参照。

●ルール
（ボール1個使用）

• 選手A・B・Cは、隣の選手と約1.5〜2mほどの距離をとり、コーチが合図するまでゴールの方向を向いて立つ。

• 選手にそれぞれ1〜3の番号を割り当てる（図参照。選手A＝1、選手B＝2、選手C＝3）。

• コーチのコールでスタートし、数字を呼ばれた選手はディフェンス、それ以外の選手はオフェンスとなる。たとえば、コーチが「3」とコールしたら、選手Cはすぐにペナルティーエリアのラインまで行ったあとにディフェンスを開始する。

• オフェンス側になったどちらか一方の選手（AまたはB）は、ダッシュでボールを取りに行き、ゲームを開始する。

●バリエーション
（ボール2個使用）

①ボールを2個使って2対1（オフェンス側の2人は、ボールを1人1個ずつ所持する）。ボール1個のときと同様に、コーチがコールした番号の選手がディフェンスになる。オフェンス側になった2人の選手は、それぞれダッシュでボールを取りに行き、ゲームを開始する。

【36】4色のビブスを使ってゲーム

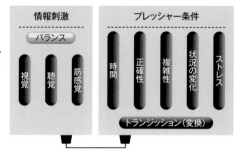

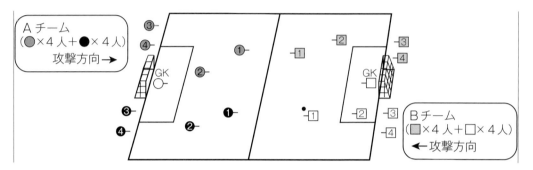

●オーガナイズ

・図を参照。

・コートの広さは，ペナルティーエリア2個分を目安とする（レベルと人数に応じて調節する）。Aチーム（青4人・緑4人）対Bチーム（赤4人＋黄4人）というようにグループをつくり，4色のビブスを用いてプレーする。

●トレーニング方法

・最初はAチーム4人（青①，青②，緑①，緑②）とBチーム4人（赤①，赤②，黄①，黄②）でゲームを行う。

・その他の選手（青③，青④，緑③，緑④，または赤③，赤④，黄③，黄④）の選手は，それぞれ相手陣地側のゴールラインの外で待機しておく。

・Aチームの攻撃中に，たとえ

ばコーチが「青」とコールしたら，青①と青②の両選手はすぐにプレーを中止してコートの外に退出し，青③と青④がいた場所へ戻る。

・青③と青④の選手はすばやくコートに入ってゲームに参加する。

・守備にまわっていたBチームは，コーチが合図した瞬間，一時的に発生した数的優位の状況をうまく利用することで，ボール奪取から得点へのチャンスを生み出すことができる。

・一方で数的不利の状況に陥ったAチームは，味方の選手がゲームに加わるまで，攻・守ともにリスクを背負ったなかでのプレーとなる。

●バリエーション

①つねに攻撃している側のチー

ムに参加できるニュートラルな選手を入れて，4対〈4＋1〉でゲームを行う。

②6色のビブスを使って4対4のゲームを行う（例：Aチームは青2人，緑2人，白2人。Bチームは黄2人，紫2人，灰色2人。コート内でAチームの青2人，緑2人と，Bチームの黄2人，紫2人がプレーしている最中は，Aチームの白2人とBチームの灰色2人の選手は，相手側のゴールライン付近で待機）。

●ポイント

・コーチが合図する瞬間が重要となるため，ゲームの流れをうまく見きわめながら，「数的有利」あるいは「数的不利」な状況を意図的に生み出していく。

4. メンタル・コーディネーショントレーニング

〈センサリー・メソッド〉

　本書の終わりに，スポーツ選手を対象にした，心的ストレスの効果的な軽減に役立つプログラムを紹介したい。

　筆者が満石 寿 先生（京都先端科学大学）と共同で研究・開発したコンテンツ・プログラムである。

　本書で紹介するのは，スポーツ選手版と銘打ってはいるものの，子どもから大人まで，幅広い年齢層を対象としている。低運動強度にもかかわらず，以下に示したようなメンタル改善効果が十分に期待できるプログラムである。

　◆落ち込んだ気分（抑うつ状態）を著しく改善

　◆インスピレーションあふれる状態へと変化させる

　◆感情を安定させる

　◆疲労回復

　◆集中力の向上

　とりわけ興味深い結果が得られたのは，本コンテンツを実践することで，緊張による不安やイライラ感といった，本番直前の心的ストレスを著しく緩和できる，という点である。したがって，試合前に過緊張状態に陥ってしまい，心身ともにガチガチに緊張しすぎて本来の実力を発揮できそうにないときなどに取り入れていただくとよいだろう。

　また，心身ともに疲労状態にあるコンディションを改善できることもわかってきているため，たとえばグループで行うステップ4を用いることで，トーナメントやリーグ戦など試合翌日のリカバリーに応用して，疲労回復をうながすことも十分に可能となる。

　そのほかにも，敗戦つづきでチーム状態が落ち込んでいるときなどに取り入れることで，選手個々のメンタル面の改善はもちろんのこと，チーム全体の雰囲気をガラリと変えることも実証済みであるため，ぜひとも現場で取り入れていただき，本プログラムの効果と威力を実感していただきたい。

【センサリー・メソッド】

（センサリー1：ソロエクササイズ）

①利き手でお手玉を1つ持ち，頭の高さほどに投げて取る（10回繰り返す）。

②利き手でお手玉を1つ持ち，頭上から1mほどの高さに投げて取る（10回繰り返す）。

③非利き手でお手玉を1つ持ち，頭の高さほどに投げて取る（10回繰り返す）。

④非利き手でお手玉を1つ持ち，頭上から1mほどの高さに投げて取る（10回繰り返す）。

⑤右手と左手それぞれにお手玉を1つずつ持ち，頭の高さほどに投げて取る（10回繰り返す）。

⑥右手と左手それぞれにお手玉を1つずつ持ち，頭上から1mほどの高さに投げて取る（10

回繰り返す）。

⑦右手と左手それぞれにお手玉を１つずつ持ち，頭の高さほどにお手玉を投げたら，右手と左手を交差させて，左側のお手玉は右手で，右側のお手玉は左手でキャッチする（10回繰り返す）。

⑧右手と左手それぞれにお手玉を１つずつ持ち，頭の高さほどにお手玉を投げたら，右手と左手を交差させて，左側のお手玉は右手で，右側のお手玉は左手でキャッチする。さらに両手を交差させた状態から，ふたたびそれぞれのお手玉を頭の高さほどに投げ，左側のお手玉は左手で，また右側のお手玉は右手でキャッチする（10回繰り返す）。

⑨右手と左手それぞれにお手玉を１つずつ持ち，頭の高さほどに投げたら，右手と左手をクロスさせて，左側のお手玉は右手で，右側のお手玉は左手で，お手玉が床に落ちる前に上からすばやくキャッチする（10回繰り返す）。

⑩右手と左手それぞれにお手玉を１つずつ持つ。それぞれの手に持ったお手玉を頭の高さくらいの位置でクロスさせるように投げて，右手で投げたお手玉は左手で，左手で投げたお手玉は右手でキャッチする（10回繰り返す）。

⑪利き手でお手玉を２つ持ち，それぞれのお手玉を頭上１ｍくらいの高さに交互に投げてジャグリングする（10回繰り返す）。

⑫利き手でないほうの手で⑪を行う。

（センサリー２：ペアエクササイズ　Part 1）

①一方（以下，Ａと表記）が仰向けで横になり，もう一方（以下，Ｂと表記）はお手玉を両手に持ち，寝ているＡの頭上あたりに立つ。Ｂはお手玉をできるだけ高く持ち，「はい」の合図のあとに，「右」もしくは「左」とコールしながら，両方のお手玉を同時にリリースする。Ａは言われたほうのお手玉のみをキャッチする。

〈バリエーション〉

②Ａがコールした側とは逆の側のお手玉をキャッチする。たとえば，「右」と言われたら左側のお手玉を，「左」と言われたら右側のお手玉のみをキャッチする。

③Ａがコールする選択肢に，「両手」を加える。「両手」と言われた場合には，Ｂは両方のお手玉をキャッチする。

④「右」と言われたら，左手をクロスさせて，左手でお手玉をキャッチする。逆も同様に，「左」と言われたら，右手をクロスさせて，右手でお手玉をキャッチする。このバージョンでは，「両方」と言われたら，お手玉をキャッチしない，と設定してもよい。

⑤言われたお手玉を手でキャッチする動きに，さらに足の動きも加える。たとえば，「右」とコールされた場合，右手でお手玉をキャッチしながら，左足を上に上げる，「左」とコールされたら右足を，または「両方」と言われたら，両手でお手玉をキャッチしながら，両足を上に上げる，という具合である。

⑥これまで紹介した①から⑤までの各バージョンを，次のように，視覚遮断した状態で行う。Bは目を閉じたまま横になり（視覚遮断），「はい」の合図のあとで目を開けて，Aがコールしたお手玉をキャッチする。

（センサリー3：ペアエクササイズ　Part 2）
〈バージョン1〉

①2人ペアで，2mくらいの距離で向かい合って立つ。一方（以下，Aと表記）がお手玉を1つ持ち，「はい」の合図のあとで，「右」もしくは「左」とコールして，お手玉をフワッと浮かして投げる。たとえば，「右」とコールされたら，Bは左足を1歩前に出しながら，右手でキャッチする。逆の場合も同じように，「左」とコールされたら，右足を1歩前に出しながら，左手でキャッチする。

② ①を反対のバージョンで行う。たとえば，Aが「右」とコールしてお手玉を投げたら，Bは右足を前に出しながら，左手でお手玉をキャッチする。

③Aは色が違うお手玉を2つ（例：赤or青）持ち，「はい」の合図のあとで，どちらか一方の色をコールしながら，2つのお手玉を同時に投げる。たとえば，「赤」とコールされたら，Bは「青」のお手玉はキャッチせずに，「赤」のお手玉だけをキャッチする。

④「赤」は右手，「青」は左手という具合に，あらかじめ，色に応じてキャッチする手を指定する。この場合，Aが「赤」とコールしながらお手玉を2つ投げたら，Bは右手で赤のお手玉のみをキャッチして，青のお手玉はスルーする。

⑤ ④の内容に，さらに足の動きを加える。たとえば，Aが「赤」とコールしながらお手玉を2つ投げたら，Bは右手でお手玉をキャッチしながら，左足を前に出す。

⑥ ⑤の内容を反対バージョンで行う。たとえばAが「赤」とコールしながらお手玉を2つ投げたら，Bは左手でキャッチしながら右足を前に出す，という具合である。

⑦上記の③～⑥の内容に，「両方」というオプションを加える。たとえば，Aが「両方」とコールしてお手玉を投げたら，Bはお手玉をキャッチしない，という具合である。

〈バージョン2〉

①バージョン1と同様に，2人ペアで，2mくらいの距離で向かい合って立つ。一方（以下，Aと表記）がお手玉を3つ持ち（例：「赤」「青」「黄」のそれぞれ3色），「はい」の合図のあとで，どれか1つの色をコールしてお手玉を3つ同時に，フワッと浮かして投げる。「青」とコールされたら，Bは青のお手玉だけをキャッチする。

②Aがコールした以外のお手玉2つをキャッチする。たとえば，「青」とコールされたら，Bは「赤」と「黄」の2つのお手玉をキャッチする。

③お手玉の数を4つ（4色），5つ（5色），というように増やしていき，Bはコールされた色のお手玉を1つキャッチする。慣れてきたら，2つのお手玉をキャッチ（「赤」「青」とコー

ルされたら，赤と青のお手玉をキャッチ）する，というように難しくしていく。

④お手玉の数を増やす（別バージョン）。Aは「はい」の合図のあとで，2色のお手玉を2つ
ずつ（例：赤2つ，青2つ）持ち，同時にフワッと浮かしてBへ投げる。たとえば，Aが「赤」
とコールしたら，Bは「赤」のお手玉2つをキャッチして，「青」のお手玉はスルーする。

⑤ ④のバージョンに，「両方」を加える。たとえば，Aが「両方」とコールしたら，Bはそれ
ぞれの色のお手玉を1つずつ（ここでは赤1つ，青1つ）キャッチする。

⑥お手玉の数をさらに増やす。今度は，3色のお手玉を2つずつ（例：赤2つ，青2つ，黄2
つ）持ち，同時にフワッと浮かしてBへ投げる。たとえば，Aが「青」とコールしたら，B
は「青」のお手玉2つだけをキャッチして，「赤」と「黄」のお手玉はスルーする。

⑦ ⑥の要領で，Aは3色のお手玉を2つずつ（計6つ）同時に投げる。その際，Aが「青」
とコールしたら，Bは「青」以外の色のお手玉，すなわち「赤」と「黄」のお手玉を1つず
つキャッチする。

〈バリエーション〉

Bがお手玉をキャッチするまでの待ち時間に，さまざまなオプションを加える。

ⅰ）視覚遮断（目をつぶる）

ⅱ）片足立ち

ⅲ）Aに背を向けた状態で立ち，「はい」のコールのあとですぐに1回転してお手玉をキャッチする

〈センサリー4：グループエクササイズ　Part 1〉

①8～10人でお手玉を1つずつ持ってサークルをつくる。それぞれペアごとに向かい合って
立つように配置し，「せ～の」などの合図のあとで，全員一斉にお手玉を投げ，お手玉を交
換し合う。グループ全体で，全員がお手玉を落とさずにキャッチできたらクリア（バリエー
ションとして，お手玉の代わりにテニスボールやサッカーボールを用いてもよい）。

② ①の内容にお手玉の数を増やして，さらにバージョンアップさせる。それぞれのペアのうち，
一方（A）がお手玉2つ，もう一方（B）はお手玉1つを手に持つ。①と同じ要領で，「せ
～の」などの合図のあとで，グループ全員，一斉にお手玉を投げ合い，ペア同士で交換（B
はAが投げたお手玉2つを，AはBが投げたお手玉を1つ）し合う。グループ全体で，全員
がお手玉を落とさずにキャッチできたらクリア。

③ ①と②の要領で，お手玉の数をさらに増やし，難度を上げる。それぞれペアごとに2つず
つのお手玉を手に持ち，一斉のお手玉を投げ合ってペア同士で交換し合う。グループ全体で，
全員がお手玉を落とさずにキャッチできたらクリア。

④上記の①～③の内容を行う際に，「せ～の」などの合図があるまでの時間に，「視覚遮断（目
をつぶる）」や「片足立ち」あるいは「バランス的負荷を加える」などの要素を盛り込んで，

難度をさらに上げる。

〈ポイント〉

上記の①～④の内容を，複数のグループで競い合いながら行うと，よりいっそう盛り上がる。

〈センサリー5：グループエクササイズ　Part 2〉

　8～10人で1人1球ずつボールを持ち，直径3mほどのサークルをつくる。1人だけボールを2球持ち，その内の1球を他の選手へハンドパスする。自分のところへパスが回ってきた選手は，そのボールが自分のところへ届く前に（キャッチする前に），手に持ったボールを次の選手へとハンドパスして，自分のところに向かってくるボールをキャッチする。この要領でパスの回数をかぞえながら，まずは10回パスを回せるように，全員で工夫しながら実践する」などの要素を盛り込んで，難度をさらに上げる。

〈バリエーション〉

ⅰ）バランス的な負荷を加える（片足で立った状態やバランスパット，あるいは地面に足がつかないようにバランスボールに座る，または膝立ちになった状態で行う）

ⅱ）次にパスをする人の名前を呼んでから，パスをする

ⅲ）次にパスをしてほしい人の名前を呼んでから，パスをする（ハイレベル）

〈ポイント〉

• 複数のグループで競い合いながら行うと，よりいっそう盛り上がる。

• その場合，途中で作戦会議を設ける。

引用・参考文献（第4章，第5章）

・白石豊・吉田貴史・川本和久（2003）．どの子ものびる運動神経（小学生編）．かもがわ出版．

・ノルベルト・エルゲルト，ペーター・シュライナー（2009）．ドイツ流攻撃サッカーで点を取る方法．講談社．

・フェレット・フェレッティ監修（1998）．ザ・ゾーン～イタリアモダンサッカーのすべて（DVD全4巻セット）．ジャパンライム．

・Döbler, E., Döbler H.（1998）. Kleine Spiele. Sportverlag, Berlin.

・Paolo Morlino, Aldo Vigano（2001）. Allenare la coordinazione nella scuola calcio. Con videocasetta: 1-3. Calzetti Mariucci.

🖐 ここがポイント！ 【ボールコーディネーション】

　本書の第4章および第5章の実技編において，文章での説明に加え，より詳しくご理解いただけるように，できる限り動画の添付を試みた。ところが，ボールを用いたコーディネーションエクササイズに関しては，動きの数々を言葉で説明することが大変困難であることなどから，紙面の都合により割愛することとなった。そのため，動画資料のみの提示となることをお許しいただきたい。

　内容としては，手を用いたジェネラルな内容から少しずつ難度をアップさせていきながら，徐々にサッカーの技術的な内容を加え，レベルアップしていくような流れとなっている。

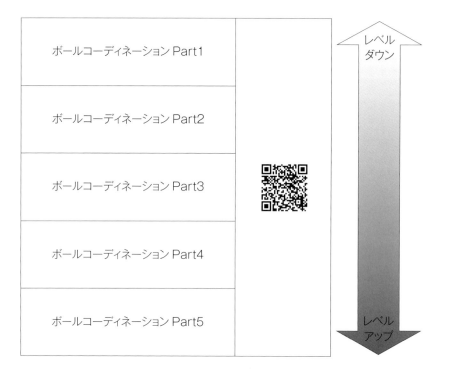

　内容がレベルアップしていくにつれ，技術的な難度もあがるため，各々の段階において，技をしっかりと身に付けた上で実践に臨みたい。

　またp.29の「ここがポイント！【トレーニング実施に際してのステアリング方法】」でも述べたとおり，"できそうでできない"あるいは"なんとかできる"という状態を数多く経験し，コーディネーション面の向上はもちろん，技術レベルも合わせて高めていきたい。

　紹介した動画は，ジェネラルなものからサッカー専門の内容を含むものまで数多くあるが，エクササイズに挑戦する前後のタイミングで，「ボールを投げる・獲る」「ボールを蹴る」「リ

フティングする」など，各ドリルの主役となる技術の動きをチェックしていただきたい。

　例として，ボールコーディネーションPart 5の最後に収録した「リフティングをしながら着用したビブスを脱いだ後，再びビブスを着用する」というドリルをもとに，チェック手順の①～③を示した。

『チェック手順』

①リフティングを数回行い，全体的な動きの質（スムーズさなど）やボールを蹴った感じをチェックする.

②ボールコーディネーションのエクササイズ（リフティングしながらビブスを脱いで再び着る）にトライする.

③ 再度，①で行った内容と同じようにリフティング動作の再チェックを行う.

（②のドリルで用いる技術と，①③のチェックの際の技術の種類は，最初のうちは同じほうがやりやすい）

　するとほとんどの場合（疲労困憊の状態など，よほど悪条件が重ならない限り），実施前よりもスムーズに動きやすく，また軽々とできるようになっているのではないだろうか。

　こうしたコーディネーションの負荷を加える前と後を比較して，その違いを体感するフィードバック作業は，トレーニング効果をすぐさま体感できることからも，非常に重要であると考えている。

　ここではリフティングのドリルを例に用いたが，「ボールを投げる（または獲る）」などのジェネラルな内容から，「キック」や「ヘディング」といったサッカー専門の動きに至るまで，いろいろなドリルを実践し，どのような変化が得られるのか（例：省エネ感，目標への命中率upなど）検証していただきたい。

コラム5：ヨーロッパサッカーのコーディネーショントレーニング

　2002年から2012年まで，およそ10年に及ぶドイツ生活のなかで，研究・実践活動と並行して，イタリアやオーストリアをはじめとするヨーロッパ各地のサッカー協会，あるいはドイツのボルシア・ドルトムント（**写真①**，**②**），イタリアのインテルミラノ（**写真③**），ベルギーのアンダーレヒト（**写真④**）といった，プロサッカークラブで活躍するコーディネーションコーチを訪ね歩く取材活動を行ってきた。

　世界屈指の強豪と謳われるビッグクラブが，コーディネーション面やフィジカル要因の養成を重視して育成コンセプトの柱に掲げるとともに，その重要性を熟知して専任のコーディネーションコーチを配置しながら，継続的に一貫指導を行っていることに，強い衝撃を受けた。

写真①：ドルトムントのトレーニングの様子

写真②：ドルトムントのマルティン・ドローベ氏（コーディネーションコーチ・2003年当時／右から2人目）

写真③：インテルミラノのトレーニングの様子

写真④：アンダーレヒトのフーベルト・ルメール氏（ランニング・コーディネーションコーチ・2003年当時／右端）

取材を開始した2002年当時，まだまだ駆け出しのコーチだった私にとって，各国のコーチたちが見せてくれるコーディネーショントレーニングのかずかずは，まさに目からウロコの連続であった。そのどれもが，非常に工夫された斬新なトレーニングで，私にとっては生涯忘れることのできない財産として，今でも強く心に残っている。

　実践している選手ばかりでなく，トレーニングを眺めている私までもが楽しくなってしまい，思わず笑みがこぼれてしまうことも多々あった。そのたびに，「いつか自分も，こんなトレーニングができたらいいなあ」などと考えながら，ノートに必死でトレーニングの模様をメモした。本当はすべてを残らず紹介したいところであるが，紙面の都合により，本コラムでは，インテルミラノ（イタリア）で13歳以下のカテゴリーのコーディネーショントレーニングを担当していた，ステファノ・ベリンザーギ氏（インテルミラノU-11監督/2002年当時）が語ってくれた話を紹介したい。

　ベリンザーギ氏は，サッカー選手のコーディネーション面におけるパフォーマンスをチェックする際に，「ボール・人・環境」という3つの視点から観察を行い，定期的に特徴評価の記録をとることの重要性を説いたうえで，次の2点の重要性を強調していた。

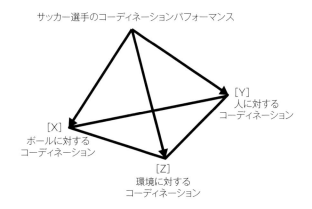

サッカー選手のコーディネーションパフォーマンス

[Y] 人に対する コーディネーション

[X] ボールに対する コーディネーション

[Z] 環境に対する コーディネーション

X：ボールに対するコーディネーション

ボールを用いたあらゆるプレーを，さまざまな動き（走る，跳ぶ，方向転換など）の中で，正確かつ効果的に実行できるかどうか

Y：人に対するコーディネーション

ボールを用いたあらゆる動きを，相手選手や味方選手の動きに対応しながら，正確かつ効果的に実行できるかどうか

Z：周囲の環境に対するコーディネーション

ボールを用いたあらゆる動きを，さまざまなプレッシャー（スタジアムの雰囲気・天候・スペースの狭さ・相手選手のプレッシング，など）の条件下で，正確かつ効果的に実行できるかどうか

- コーディネーション理論を理解し熟知しておくこと
- 質的な観点（動きのスムーズさや滑らかさ，リズム，正確性など）から運動を把握するために必要となる"運動観察眼"を十分に養っておくこと

なかでも，ベリンザーギ氏が語ってくれた次の言葉が，大変印象的であった。

「私はこれまで長いこと，イタリア各地のプロサッカークラブに足を運び，トレーニングを見て回ってきました。現在私が実践しているトレーニングは，それらに自分なりのアレンジを加えたものばかりです。今でも時間さえあれば，どこかのチームへ出かけて，トレーニングを見学しています。そうして誰かのトレーニングを見ることで，勉強になることは本当にたくさんあります。その姿勢は，指導者である以上はいつまでも忘れたくないですね」

日本サッカー協会でも，「A級U-12」をはじめとするライセンス講習，あるいは「キッズ研修会」「リフレッシュ研修会」などの指導者養成の場において，ようやくコーディネーショントレーニングの理論と実践をテーマとする普及が定着しつつあるが，日本全体の指導現場においては，十分に浸透しているとは言い難い状況であり，情報が不足しているように思われる。

スポーツ競技全般という観点においては，キッズ・ジュニア年代からトップ年代に至るまで，スピード／コーディネーショントレーニングを体系的かつ計画的に継続していけるかどうかが，今後の日本における競技スポーツ発展の鍵を握ると言っても過言ではない。

こうした共通理解が，サッカーをはじめ，さまざまなスポーツで浸透し，発展していくことを願って，今後も普及活動を継続していきたいと思っている。

引用・参考文献
・泉原嘉郎（2002-2003）．ヨーロッパサッカーのコーディネーショントレーニング1-12，トレーニングジャーナル（ブックハウスHD）．

トレーニング一覧（各ファクター詳細図）〜第４章〜

No.	分類	トレーニング名	スペーシング（定位）	タイミング（リズム）	グレーディング（分化）	バランス（平衡）	リアクション（反応）	コンビネーション（連結・結合）
1	基礎的コーディネーショントレーニング	【1】オニごっこPart1	○				○	
2		【2】オニごっこPart2（ウサギとハンター1）	○		○	○		
3		【3】オニごっこPart3	○		○		○	○
		バリエーション①,②	○		○	○		○
4		【4】オニごっこPart4	○	○	○		○	
		バリエーション①,②	○	○	○		○	
5		【5】オニごっこPart5（島オニ）	○	○		○	○	
6		【6】オニごっこPart6	○					
7		【7】オニごっこPart7（ウサギとハンター2）	○	○				
		バリエーション①	○	○	○			
		バリエーション②	○	○			○	
8		【8】オニごっこPart8（ウサギとハンター3）	○	○			○	
9		【9】オニごっこPart9（ウサギとハンター4）	○	○			○	
		バリエーション①,③	○	○			○	
		バリエーション②	○	○			○	
		バリエーション④,⑤	○	○	○		○	○
10		【10】オニごっこPart10（ウサギとハンター5）	○				○	
		バリエーション①〜⑥	○				○	
11		【11】スペーシングゲームPart1	○		○		○	○
		バリエーション①〜④	○				○	
		バリエーション⑤（ボール有）	○	○	○		○	
12		【12】スペーシングゲームPart2	○	○				
		バリエーション②,③（ボール有）	○	○	○		○	○
13		【13】棒（ボー）っとしてると大変だ!Part1	○	○				
		バリエーション①,②	○	○		○		
14		【14-1】棒（ボー）っとしてると大変だ!Part2	○		○	○		
		【14-2】棒（ボー）っとしてると大変だ!Part3	○	○				
15		【15】棒（ボー）っとしてると大変だ!Part4	○	○				
		バリエーション①	○	○	○			
		バリエーション②	○	○	○			
16		【16】リアクション・ダッシュ	○	○			○	
17		【17】ミニハードル・ドリル	○	○	○	○		○
		バリエーション①〜⑥	○	○	○	○		
18		【18】平均台（ボックス）を使ったエクササイズ		○	○			
		バリエーション①,②			○	○		○
		バリエーション③,④			○	○		○
19		【19】長縄ドリルPart1（ジェネラル編）	○	○				
		バリエーション①	○	○				
		バリエーション②,③	○	○		○		

トレーニング一覧（各ファクター詳細図）〜第5章〜

No.	分類	トレーニング名	情報刺激					プレッシャー条件					
			視覚	聴覚	筋感覚	バランス		時間	正確性	複雑性	状況の変化	ストレス	トランジッション（変換）
20	技術・コーディネーショントレーニング	【1】ヘディングゲームPart1	○		○			○	○		○		
21		【2】ヘディングゲームPart2	○		○				○	○	○		
22		【3】ヘディングゲームPart3	○		○			○	○		○		
23		【4】ハンドパスゲームPart1	○		○	○		○	○				
24		【5】ハンドパスゲームPart2	○		○			○	○			○	○
25		【6】ハンドパスゲームPart3	○		○	○		○	○			○	○
		バリエーション	○		○			○	○			○	○
26		【7】リアクション・シュートPart1		○				○	○				
		バリエーション①		○	○			○	○				
		バリエーション②, ③	○		○			○	○				
27		【8】リアクション・シュートPart2	○		○			○					
		バリエーション①, ③		○				○					
		バリエーション②	○					○					
28		【9-1】ハードル&シュート・ドリルPart1	○		○			○					
		【9-2】ハードル&シュート・ドリルPart2 バリエーション①, ③, ⑤	○		○	○		○	○	○		○	
		バリエーション②, ④	○		○	○		○	○	○			
29		【10】ハードル&シュート・ドリルPart3	○						○	○			
		バリエーション①, ②	○		○	○		○	○	○			
30		【11-1】バランス系・技術ドリルPart1	○		○			○					
		【11-2】バランス系・技術ドリルPart2	○		○			○					
31		【12】バランスボール・ドリルPart1	○		○			○					
32		【13】バランスボール・ドリルPart2	○		○			○					
33		【14-1】バランスボール・ドリルPart3	○		○			○					
		【14-2】バランスボール・ドリルPart4	○		○			○					
		【14-3】バランスボール・ドリルPart5	○		○			○					
		バリエーション②	○	○	○			○	○	○		○	
34		【15-1】スラックライン・ドリルPart1	○					○					
		【15-2】スラックライン・ドリルPart2	○		○			○					
35		【16-1】長縄ドリルPart1	○					○	○				
		【16-2】長縄ドリルPart2											
		バリエーション①, ③	○		○			○	○				
		バリエーション②	○		○	○		○					
36		【17-1】長縄ドリルPart3	○		○				○	○		○	
37		【17-2】長縄ドリルPart4	○		○	○		○	○			○	

No.	分類	トレーニング名	情報刺激				プレッシャー条件					トランジッション（変換）
			視覚	聴覚	筋感覚	バランス	時間	正確性	複雑性	状況の変化	ストレス	
38	フィジカル・コーディネーショントレーニング	【18】ナンバー・ドリルPart 1		○			○				○	
		バリエーション		○			○				○	
39		【19】ナンバー・ドリルPart 2		○			○				○	
		バリエーション①，③		○			○				○	
		バリエーション②		○			○		○		○	
40		【20】競争スプリントPart1		○		○	○				○	
		バリエーション①		○		○	○	○			○	
		バリエーション②，③					○				○	
41		【21】競争スプリントPart2 バリエーション①，②，③		○		○	○	○				
		バリエーション④，⑤		○			○	○			○	
		バリエーション⑥，⑦		○		○	○	○	○			
42		【22】競争スプリントPart3		○		○	○				○	
		バリエーション①		○		○	○				○	
		バリエーション②		○		○		○			○	
		バリエーション③，④		○	○	○	○	○	○			
43		【23】競争スプリントPart4	○	○		○	○	○	○		○	
		バリエーション①，②	○	○		○	○	○			○	
44		【24】競争スプリントPart5		○	○		○	○			○	
45		【25】ジャンプ・コーディネーションPart1			○	○					○	
46		【26】ジャンプ・コーディネーションPart2			○	○		○				
47		【27】トランポリンドリル	○		○	○	○	○	○			
48		【28】柔軟性・バランスをミックスしたドリル			○	○		○				
		バリエーション			○	○				○	○	○
49		【29】平均台ドリル			○	○	○	○				
50	戦術・コーディネーショントレーニング	【30】ヘディング・シュートゲーム	○		○		○	○	○	○	○	○
		バリエーション①，②	○		○		○	○	○	○	○	○
51		【31】3色のビブスを用いたハンドパスゲーム	○		○		○	○	○	○	○	○
		バリエーション①～③	○		○		○	○	○	○	○	○
52		【32】4色のビブスを用いたパスゲーム	○		○		○	○	○	○	○	○
		バリエーション①～③	○		○		○	○	○	○	○	○
53		【33】1対1	○	○			○	○		○		○
		バリエーション①～④	○	○			○			○	○	○
54		【34】2対1Part1（視覚刺激）	○				○	○		○	○	○
		【35】2対1Part2（聴覚刺激）		○			○	○		○	○	○
55		【36】4色のビブスを使ってゲーム	○	○	○		○	○	○	○	○	○
		バリエーション①～②	○	○	○		○	○	○	○	○	○

No.	分類	トレーニング名	情報刺激					プレッシャー条件					
			視覚	聴覚	筋感覚	バランス		時間	正確性	複雑性	状況の変化	ストレス	トランジッション（変換）
56	メンタル・コーディネーショントレーニング	センサリー1：ソロエクササイズ	○		○			○	○				
57		センサリー2：ペアエクササイズPart1	○	○	○			○				○	
58		センサリー3：ペアエクササイズPart2	○	○	○			○		○		○	
59		センサリー4：グループエクササイズPart1	○	○	○			○	○	○		○	
		④のバランス要素	○	○	○	○		○	○	○		○	
60		センサリー5	○		○			○	○	○		○	
		バリエーションi）のバランス要素	○	○	○	○		○	○	○		○	

おわりに

　本書は，この20年間（2000～2020年）に，私がコーディネーショントレーニングについて学びながら，同時に研究と実践の往復によって得られたエッセンスを詰め込んだものである。

　第1章でも触れたが，私のコーディネーショントレーニング探求の旅は，アントニオ・ディ・ムッシアーノ氏との出会いから始まり，2002年の10月にドイツの地へ留学して以来，コーディネーショントレーニングの現状を調査すべく，ヨーロッパ各国を訪ね歩いた。さらにその翌年には，コーディネーション理論発祥の地である，ライプツィヒ大学の門を叩いた。かつての東ドイツ時代から，コーディネーション研究の第一線を牽引してこられた先生方からの指導を直接仰ぐことができたのは，今思えばとてつもなく幸せなことであった。

（アントニオ・ディ・ムッシアーノ氏と筆者，2000年8月）

　その後，修士課程を修了するために，母校である福島大学へ一時帰国していた折の2005年3月，恩師である白石豊先生が大修館書店の故平井啓允氏へ，サッカーのコーディネーショントレーニングをテーマとする私

（©1.FC Lokomotive Leipzig, U-8／2008年シーズン）

の拙論文をご紹介くださった。折しも，平井氏より「是非，一冊の本としてまとめてみてはいかがですか？」との有難いお話をいただいたことが，本書出版のきっかけである。

　ところが，その当時の私はといえば，コーディネーショントレーニングの指導・実践歴が浅い，いわば一介の修行徒であった。願わくは，数多の経験を積み重ね，相応の手応えが得られた後，広く日本の読者の方々へ情報を発信させていただきたい。恐れ多くもそのようなわがままを，平井氏をはじめ大修館書店の皆様にお聴き届けいただいた。

　以降再び，ドイツの指導現場にてトレーニング実践の試行錯誤を繰り返しながら，合わせて

ライプツィヒ大学での研究に明け暮れる日々を過ごした。

　2013年からは，教育・研究のフィールドを福岡大学スポーツ科学部へと移し，子どもから大学生年代，はたまたプロスポーツ選手やシニア年代など，じつに幅広い世代を対象とするコーディネーショントレーニング指導の機会を得たお陰で，その効果や重要性をさらに実感することができた。

　気づけば，執筆をスタートして以来，一回り以上の年月が過ぎてしまったが，そのぶん，コーディネーショントレーニングが種目や世代を問わず，すべてのアスリートにとって不可欠であることを十二分に確信したうえで，本書を世に送り出すことができたのではないかと考えている。

　私事ではあるが，10歳の頃に福岡県宗像市のスポーツ少年団でサッカーを始めた頃，チームには指導者が不在であり，上級生のボール拾いばかりで，練習らしい練習をまともにした記憶がまるでない。それでも上手くなりたい一心で，わからないままにも手探りに，必死でボールを蹴り続けたが，飛躍の兆しは一向に見られなかった。運動神経がぐんぐんと伸びる時期に，まったくもって何をか言わんや，である。

　願わくば，かつて私が幼少の頃にしたような苦い経験を，現代を生きる日本の子どもたちには絶対にして欲しくない。本書が日本の教育・スポーツ界の発展と希望あふれる未来の創造につながることを切に願いながら，これからも探求の旅を続けていきたい所存である。

　最後に，本書の出版にあたりお世話になった方々に対して，心から感謝の意を表します。

　まず，学生時代から長きにわたり，学業・研究面のみならずあらゆる面においてご支援ご教授を賜り，数かぎりない人とのご縁をくださった白石豊先生（福島大学名誉教授）へ心から御礼申し上げます。

　続いて，ライプツィヒ学派の伝統的な運動・トレーニング科学の真髄を授けてくださった，指導教官のユルゲン・クルーク教授と，私のコーディネーショントレーニング・メンターであるクリスチャン・ハルトマン博士に，そして日本スポーツ界におけるコーディネーショントレーニングの実践・普及の機会を与えていただき，常に惜しみないアドバイスをくださる山本浩先生（法政大学教授），乾真寛先生（福岡大学教授），早川直樹さん（V・ファーレン長崎）へ，さらに専門的な立場から指導上の言葉などをご助言いただいた坂本健二氏（ドイツ流サッカー・ディフェンス・コーディネーター，https://www.doitsunosuguremono.shop），トップアスリートの視点から貴重なフィードバックをくださる豊田陽平選手（J1・サガン鳥栖）へ心から謝意を表します。

　また本書出版の機会を与えてくださった，大修館書店の故平井啓允氏をはじめ，原稿の執筆から最終校正に至るまで，辛抱強くご対応いただいた粟谷修さん，矢部洋幸さんのお二人へ，重ねてお礼を申し上げます。

　最後に，いつも側で支えてくれている家族の皆に感謝を伝え，あとがきのまとめとさせていただきたい。

2020年初夏　泉原　嘉郎

［著者紹介］
泉原　嘉郎（いずはら　よしお）

福岡県生まれ長崎育ち。

スポーツ科学者（認知・脳科学/運動・トレーニング科学領域）。ドイツ・ライプツィヒ大学博士（スポーツ科学）。コーチ，コーディネーションョントレーナー。ドイツサッカー協会公認B級コーチングラインセンス取得。ヨーロッパサッカー連盟（UEFA）公認B級ライセンス取得。

福島大学教育学部を卒業後，ドイツ・ケルン体育大学，ライプツィヒ大学へ留学。福島大学大学院を経て，ドイツ・ライプツィヒ大学博士課程へ進み,日本人として初となるコーディネーション理論をテーマに博士号を取得。2003年から2010年までドイツ・1・FCロコモティブ・ライプツィヒの育成年代や女子トップチーム（ドイツ・ブンデスリーグ）等のコーディネーショントレーナー，およびU−8監督を務めた。

2013年より福岡大学スポーツ科学部で教育・研究活動を行う傍ら，コーディネーショントレーニングの実践・普及活動を行っている。

日本サッカー協会技術委員会フィジカルフィットネスプロジェクト・メンバー。日本陸上競技連盟指導者養成委員会・委員。

日本とドイツを行き来しながら，スポーツトレーニング理論や認知・脳科学トレーニングの研究に携わる一方で，プロ・アマを問わず多くのアスリートや指導者に対し，コーディネーショントレーニングの実践指導を行い，成果をあげている。

訳書に「サッカーのコーディネーショントレーニング」（共訳，大修館書店），監修に「AIを超える！子どもの才能は『脳育体操』で目覚めさせる！」（南友介著，泉原嘉郎監修，青春出版社）等がある。

取材・講演のお問い合わせフォーム https://form.run/@kt2020

動画でわかる　サッカー・コーディネーショントレーニングバイブル

© Yoshio Izuhara, 2020　　　　　　　　　　　　NDC783 ／ xiv, 169p ／ 26cm

初版第 1 刷——2020 年 9 月 1 日

著　者————泉原嘉郎
発行者————鈴木一行
発行所————株式会社　大修館書店
　　　　　　〒 113-8541　東京都文京区湯島 2-1-1
　　　　　　電話 03-3868-2651（販売部）　03-3868-2297（編集部）
　　　　　　振替 00190-7-40504
　　　　　　［出版情報］https://www.taishukan.co.jp

装丁・本文デザイン————石山智博
カバー写真————————代表撮影／ロイター／アフロ
印刷所——————————広研印刷
製本所——————————牧製本

ISBN978-4-469-26897-3　　Printed in Japan